CURSO IQ TRADING

MÓDULO 4

I0481261

¿CÓMO DISEÑAR UN PLAN DE TRADING RENTABLE?

**GUÍA COMPLETA PASO A PASO
PARA LOGRAR EL ÉXITO DEFINITIVO**

Autor: Igor

Quz

CURSO IQ TRADING

MÓDULO 4

¿CÓMO DISEÑAR UN PLAN DE TRADING RENTABLE?

**GUÍA COMPLETA PASO A PASO
PARA LOGRAR EL ÉXITO DEFINITIVO**

Igor Quz

CURSO IQ TRADING MÓDULO 4

TÍTULO: *¿CÓMO DISEÑAR UN PLAN DE TRADING RENTABLE? SUBTÍTULO: GUÍA COMPLETA PASO A PASO PARA LOGRAR EL ÉXITO DEFINITIVO.*

- 1ª ed. - Buenos Aires: el autor, 2020

ISBN: 9798683515676
Sello: Independently published
1. Negocios y finanzas. I. Éxito personal – Negocios desde casa

Contacto: *edicionesiq@gmail.com* -

Fecha de catalogación: 05-09-2020

ADVERTENCIA DE RIESGO

El presente libro solo tiene fines educativos con el objetivo ayudar a mejorar el trading de los lectores enseñando como diseñar un plan de trading para alcanzar definitivamente la rentabilidad.

Las opciones binarias son una inversión de alto riesgo financiero pudiendo el Trader perder absolutamente todo su dinero por lo cual jamás deberías destinar dinero operando en real si no puedes darte el lujo de perder ese dinero.

Los resultados del trading del lector son exclusiva responsabilidad de este, tanto si se gana como si pierde.

Nunca se debe utilizar dinero real para hacer trading sin diseñar previamente un *Plan de trading* contemplando todos los puntos importantes del mismo que se tratan en detalle en este libro.

Todo plan de trading debe contener reglas estrictas que deben ser seguidas con mucha disciplina porque este es el único camino hacia la rentabilidad.

Dentro del plan debe contemplarse una estrategia de trading indicando puntos de entrada y de salida como así también reglas operativas.

Tanto el plan como la estrategia deben comprobarse en un gran número de operaciones sin usar dinero real, para así teniendo en cuenta la efectividad de tu forma de operar puedas tomar la decisión o no de volcarte al trading con dinero real comenzando con un monto pequeño.

Todos estos pasos para descubrir si el trading con opciones binarias puede ser rentable para ti los tienes disponibles en este libro, y lo más importante es que puedes seguir estos pasos sin gastar un solo dólar.

En el trading no es tan importante tener un monto grande de dinero para comenzar a operar en real sino dedicar tiempo previamente para armar tu propio plan, probar tu estrategia y ponderar como ***primer meta operar para no perder*** y como ***segunda meta ir incrementando poco a poco el capital inicial*** sin arriesgar la cuenta, ósea limitando siempre las pérdidas.

"No pongas un solo dólar en una cuenta real si no dedicas tiempo a probar la efectividad de tu plan y tu estrategia de trading siguiendo la guía paso a paso de este libro. Una vez que demuestres ganar con consistencia en una cuenta demo puedes tomar la decisión personal de volcarte o no al trading con dinero real"

AGRADECIMIENTOS

Hay temas a los cuales los Traders no dan importancia creyendo que la rentabilidad en el Trading solo se limita a tener una buena estrategia operativa.

Una buena estrategia operativa es solo una ínfima parte para alcanzar la rentabilidad que no alcanza para nada si no se planifica los riesgos de pérdidas que se asumen al hacer Trading.

Uno de los mayores riesgos de los Traders que pierden más de lo que ganan es que no entienden la naturaleza del Trading:

"El Trading es un escenario de incertidumbre donde se gana y se pierde, y solo se puede alcanzar la rentabilidad con una excelente planificación y filtrado de los puntos que nos ocasionan pérdidas"

Las estrategias de Trading no son tan efectivas como muchas veces se promocionan en publicidades y videos, una estrategia del 55% de efectividad comprobada debe considerarse como una estrategia efectiva y es necesario para alcanzar la rentabilidad aprovechar esa pequeña ventaja que podemos llegar a sacar de una estrategia.

Aunque tengas una estrategia brillante no te alcanzara para ganar si no tomas en cuenta los siguientes puntos clave:

- Si no tienes un plan de trading
- Si no sabes cómo diseñar y usar correctamente un plan de Trading
- Si tu plan de Trading no tiene fundamentos
- Si no estableces metas razonables
- Si no aplicas Stop de pérdidas y de ganancias dentro de tu plan
- Si no usas una estrategia operativa con esperanza matemática positiva comprobada según la ley de los grandes números
- Si no usas una correcta gestión del capital en la sesión de Trading
- Si no estableces reglas estrictas efectivas
- Si no aplicas un plan de gestión de riesgos y gestión monetaria
- Si no estableces reglas para gestionar tus emociones
- Si no tienes un plan de retiro de beneficios
- Si no llevas un registro escrito de tu plan de Trading en un diario de Trading

Es muy importante y se te agradece que hayas escogido la lectura de este libro cuando muchos Traders simplemente optarían por leer sobre estrategias de Trading, eso demuestra que tienes interés en alcanzar la rentabilidad contemplando todos los puntos clave necesarios.

Cada punto clave de este libro enseña a diseñar un plan de Trading rentable utilizando una variedad de estrategias combinadas que bien aplicadas llevan al éxito a largo plazo.

"El camino hacia la rentabilidad solo se puede alcanzar usando un plan de Trading efectivo que limite las perdidas cuando se pierde y potencie las ganancias exponencialmente cuando se gana".

"Desde ya se te agradece que ocupes tu tiempo en la lectura de este módulo y diseño de tu propio plan de Trading antes de comenzar a operar con una cuenta real, valiéndote del gran contenido de valor que encontraras en este libro".

En el Trading hay dos formas de operar:

- Operar por emociones sin un plan como si se hiciera una apuesta al tirar una moneda al aire con una gran posibilidad de perder todo.
- Operar razonando en término de probabilidades usando una estrategia con esperanza matemática positiva con un plan de trading rentable seguido con estricta disciplina con inciertos resultados en el corto plazo, pero segura posibilidad de ganar a largo plazo.

"Te felicito por usar este libro como guía y hacer lo posible para ser un Trader que opera razonando en termino de probabilidades y pensando en la rentabilidad en el largo plazo".

Igor Quz

INTRODUCCIÓN

Si tú inicias un largo camino sin la preparación adecuada es seguro que no logres llegar a tu objetivo con éxito.

Eso es exactamente lo que sucede con todos los Traders que pierden consistentemente, muchos se inician en el Trading porque lo ven fácil, y realmente es sencilla la operativa.

¿Pero porque la gran mayoría pierde si el Trading es tan fácil?

La gran mayoría pierde porque los instrumentos financieros son fáciles de operar, pero no entienden que en el trading se gana y se pierde.

Entender estos dos resultados probables implica dos objetivos necesarios para lograr la rentabilidad:

- Proteger la cuenta de las perdidas
- Incrementar poco a poco la cuenta potenciando exponencialmente las ganancias

El problema de los Traders que pierden con consistencia es que operan exactamente al contrario de estos dos objetivos:

- Quieren ganar mucho dinero muy rápido
- Asumen grandes riesgos y exponen sus cuentas a grandes perdidas

Este libro es fundamental para lograr la rentabilidad ya que en todos sus puntos clave apunta a proteger la cuenta de las pérdidas cuidando el capital e incrementar las ganancias poco a poco consiguiendo beneficios exponenciales.

"Es más importante tener como meta cuidar la cuenta porque si perdemos el capital de la cuenta ya no tendremos dinero para operar, si conservamos el capital sin sufrir grandes pérdidas tenemos inmensas posibilidades de obtener ganancias exponenciales a largo plazo usando una estrategia con esperanza matemática positiva siguiendo nuestro plan de Trading con estricta disciplina"

CONTENIDO

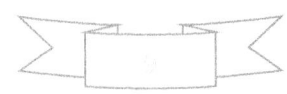

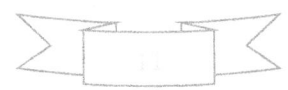

CAPÍTULO 1:

¿POR QUÉ EL PLAN DE TRADING ES UNA HERRAMIENTA FUNDAMENTAL PARA LOGRAR LA RENTABILIDAD?

Hay un tesoro escondido y les voy a mostrar el mapa:

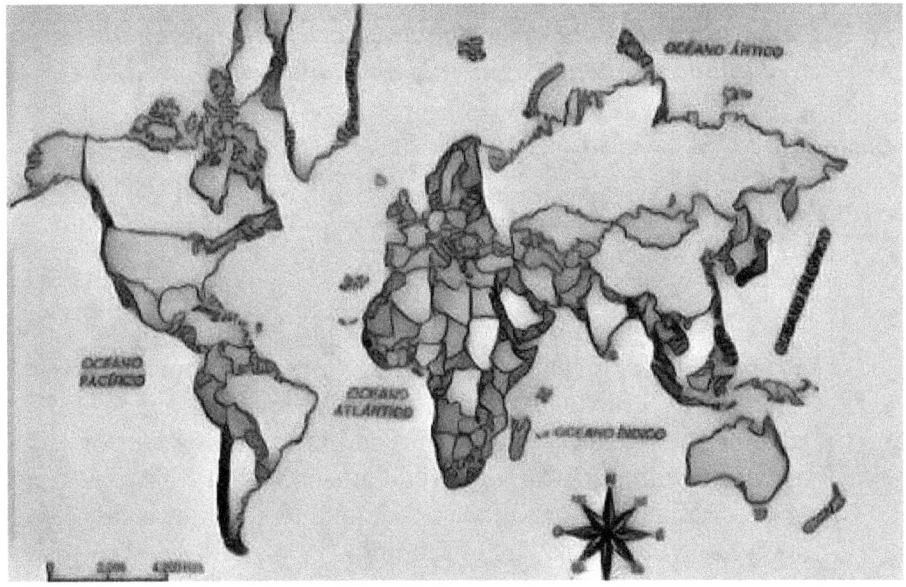

Te aclaro que no es un chiste, así es como se sienten los Traders que pierden dinero haciendo trading.

Los Traders que pierden dinero con consistencia tienen una leve idea de que el Trading es una gran oportunidad y buscan el secreto del éxito, el mapa del tesoro, la estrategia secreta que les hará ganar siempre en el trading. Los Traders que pierden con consistencia se encuentran con la promesa de un gran tesoro escondido y mucha información disponible que solo lleva al fracaso una y otra vez.

La verdad es que no existen estrategias infalibles ni mapa del tesoro que te asegure el éxito.

"El mapa de tesoro para lograr el éxito lo debes crear tu mismo diseñando tu propio plan de Trading"

No se trata simplemente de ganar o perder dinero, el trading es realmente un tesoro para aquellos que lo valoran como un tesoro.

Los Traders que piensan el Trading simplemente como una forma de ganar dinero, ganan y pierden como un apostador de casino hasta que vacían sus cuentas irremediablemente.

¿Cuántos apostadores de casino viven de apuestas?
¿Conoces algún apostador de casino que haya logrado una buena fortuna y la pudo mantener siguiendo apostando en el casino?

El trading no es un casino

El trading es realmente un tesoro porque tiene ciertos beneficios que no tienen otras actividades o negocios:

- ***Se puede aprender en forma casi absolutamente gratuita***, tan solo basta con tener un dispositivo móvil, celular, Tablet o PC con conexión a internet. Aunque es importante aclarar que uno de los problemas comunes a los Traders es el exceso de información disponible que en realidad hay una gran mayoría que no aportan los conocimientos necesarios para mejorar la efectividad en el Trading.
- Es una de las pocas actividades que ***no discrimina***
- ***Permite tener acceso a personas de cualquier edad***, tan solo basta con ser mayor de edad para poder operar en real. Las personas mayores de 40 años que se quedan sin empleo tienen serias complicaciones para conseguir trabajo (Cabe aclarar que no recomiendo bajo ningún punto de vista dejar un empleo para dedicarse al Trading, ni tampoco a aquellos que perdieron su empleo volcar sus ahorros al Trading)

Considero que el camino adecuado es diseñar tu propio plan de Trading, con una buena gestión monetaria y de riesgos,

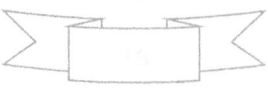

buscando tu propia estrategia de trading rentable y probar todo esto en backtesting o cuenta demo un buen tiempo o buena cantidad de operaciones para así descubrir si el Trading pueden ser una opción por considerar para volcar dinero real)

- ***Brinda las mismas oportunidades a varones y mujeres*** ya que al contrario de la mayoría de los empleos, el Trading brinda iguales beneficios y riesgos sin importar el género de quien esté operando.

- Es una ***excelente alternativa sencilla para personas con capacidades diferentes*** mientras haya uso de razón. Personas con limitaciones físicas, auditivas, problemas leves de visión pueden aprender a hacer Trading y encontrar una alternativa seria para obtener ingresos en forma consistente. Inclusive puede llegar a ser una buena alternativa para personas con problemas mentales leves, que tengan uso de razón y entiendan básicamente alguna estrategia de acción del precio que puedan seguir con disciplina, con la posible ventaja de evitar sentimientos de codicia o miedo.

Cabe aclarar que al igual que una persona convencional el trading conlleva un aprendizaje, la elaboración de un plan sencillo de trading, la búsqueda de una estrategia y desde luego la comprobación en backtesting o en demo de la efectividad del trading para así tomar la decisión de operar en real o no.

- Otra ventaja del Trading es que con la supervisión de un adulto puede llegar a ser practicada por un menor de edad, ***legalmente un menor no puede operar con una cuenta real*** pero esto no es un impedimento para que los menores aprendan a corta edad y de manera sencilla a hacer Trading para que una vez que sean adultos tomen la decisión o no de volcarse a real. En mi opinión es más constructivo que un adulto ***enseñe algo útil para la vida a un menor*** a que ese menor use la tecnología en entretenimiento que posiblemente no tenga grandes beneficios futuros. (Esto depende de las decisiones de cada familia).

- ***Desde cualquier lugar del mundo*** puedes hacer trading: en la ciudad, en la playa, en el barrio, en una villa, en vacaciones, el trading brinda las mismas oportunidades estés donde estés.

- Otro beneficio del trading es que al contrario de la gran mayoría de los trabajos, negocios y ocupaciones ***no tiene horario fijo***, el horario lo pones tu mismo. Tú decides en que horarios vas a operar y cuanto tiempo al día vas a dedicarte a hacer trading, incluso te digo que operar mucho tiempo diario termina siendo perjudicial, lo mejor es establecer un límite diario de operaciones o tiempo.

Por ejemplo puedes hacer 60 operaciones diarias u operar una hora por día y conseguir buenos resultados.

- Otra ventaja importante del trading es que ***tu eres tu propio jefe,*** si logras aprender a hacer trading, si tienes un plan y una estrategia que funciona en backtesting y en demo puedes decidir volcar una pequeña suma de dinero a operar en real y quien dice que después de un tiempo veas que es un negocio rentable y si te da más dinero que tu empleo puedes tomar la decisión de ser tu propio jefe y dejar tu empleo.

Desde ya te aclaro que esta es una decisión personal que deberías tomar tu mismo una vez que veas resultados consistentes en tu Trading, no se trata de dejar tu trabajo y volcar todos tus ahorros al Trading, simplemente debes tomarlo como una buena alternativa útil a tu medio de vida.

- El Trading ***es una buena opción para lograr la libertad financiera*** básicamente porque permite incrementar exponencialmente tus ganancias, cosa que no sucede en la mayoría de las actividades, negocios.

Como explique en el Módulo 1 de este curso *¿Cómo ganar con el Trading de opciones binarias?* un buen plan de trading permite obtener ganancias exponenciales cuidando tu dinero, aplicando una estricta gestión monetaria, aun usando estrategias con un bajo porcentaje de aciertos (54%) pueden llegar a incrementar una cuenta de trading en 1000% en tan solo un año

"El trading no se trata simplemente de ganar dinero"

El trading es mucho más que ganar dinero, se trata buscar una posible alternativa para mejorar tu estilo de vida, desde el lugar donde vivas, poniendo tus propios horarios, se trata de lograr la libertad financiera siendo tu propio jefe independiente, sin depender absolutamente de nadie en una actividad que no discrimina.

¿POR QUE DEBES DISEÑAR TU PROPIO PLAN DE TRADING?

Un plan de trading es la herramienta fundamental para definir cuáles son tus objetivos y planificar estrategias para alcanzarlos.

¿QUÉ ES UN PLAN DE TRADING?

Un plan de trading es un conjunto de normas o reglas establecidas en aquellos puntos fundamentales para definir nuestras operaciones.

El plan de trading es una herramienta fundamental para centrarse en la estrategia operativa que utilicemos y alcanzar las metas de nuestro plan.

Cabe aclarar que el plan de trading depende de cada Trader y su propio estilo a la hora de operar, sin embargo existen ciertas leyes universales comunes a todo plan de trading.

LA HOJA DE RUTA

El plan de trading es tu mapa u hoja de ruta para lograr llegar desde el lugar donde te encuentras ahora a la meta que te propusiste dentro de tu plan.

Es importante que te analices como Trader:

ANALIZA TU PRESENTE DONDE ESTAS PARADO

¿Qué tipo de Trader te consideras?

¿Eres un Trader conservador, intermedio o arriesgado?

¿Qué formación teórica tienes?

¿Cuál es tu experiencia práctica en el Trading?

¿Tienes tu propio plan de Trading?

¿Tienes una estrategia de Trading?

¿Comprobaste tu plan de Trading y estrategia en backtesting o demo?

Una vez que hayas verificado tu plan de trading y estrategia: ¿Con que capital te volcarías a operar en real?

ANALIZA TU FUTURO HACIA DONDE VAS

¿Cuáles son los fundamentos de tu plan de trading?

¿Cuáles son los objetivos de tu plan de trading?

¿Cuáles son tus metas diarias, semanales o mensuales?

¿Cuáles son tus metas anuales?

¿Qué aspectos consideras para determinar que tu plan de trading sea un éxito?

Todas las actividades de la vida requieren planificación, así como un negocio necesita un plan, en el trading también es necesario tener un plan.

LEYES UNIVERSALES DE UN PLAN DE TRADING

1) Un plan de trading no es un plan si no se plasma por escrito, todo aquello que no está escrito son simples palabras que se las lleva el viento. Un plan de trading debe tener fundamentos, metas, objetivos plasmados por escrito.

2) Registra como va tu plan de trading usando un diario de trading para asentar fácilmente todas tus operaciones, observaciones importantes y demás. El registro de tus operaciones en un diario de trading es sumamente útil para mejorar tu trading, detectar posibles errores y hacer modificaciones pertinentes para mejorar tus operaciones

3) Controla la gestión de tu capital mediante un diario de trading.

Recuerda que la única forma de progresar en el trading es cuidando el capital de tu cuenta de trading.

La clave para alcanzar la rentabilidad en el trading es diseñar nuestro propio mapa u hoja de ruta que es el plan de trading,

Sin mapa es imposible lograr la rentabilidad.

Otro punto importante es que debemos seguir el progreso de nuestro plan de trading mediante un diario de trading

CURSO IQ TRADING
MÓDULO 6

DIARIO IQ TRADING TOTAL

REGISTRA, MEJORA, GANA MÁS Y
ALCANZA LA RENTABILIDAD CON
TU PROPIO DIARIO DE TRADING

IGOR QUIZ

CAPÍTULO 2

¿CÓMO DISEÑAR Y USAR UN PLAN DE TRADING?

Cada uno debe tiene su forma de operar y utilizar su plan de trading, sin embargo hay varios puntos comunes a todos los Traders para armar y usar un plan de trading que sea rentable, que nos permita ganar más de lo que se pierde a lo largo del tiempo.

LA IMPORTANCIA DEL PLAN DE TRADING

El plan de trading es una herramienta sumamente útil para mejorar nuestras operaciones y mejorar nuestro estilo al operar. El plan de trading sirve para establecer reglas en aquellos puntos fundamentales donde se pierde dinero habitualmente.

En el trading hay innumerables variables donde se pierde dinero con mucha facilidad, la única forma de ganar y alcanzar la rentabilidad es tener un excelente plan de Trading que tenga como primer meta evitar perder dinero, si tu plan tiene la capacidad de conservar el dinero de tu cuenta en algún momento vas a tener una racha positiva que te lleve a ganar dinero, pero quiero que quede muy claro que la única forma de ganar es conservar el dinero de la cuenta porque si vacías la cuenta ya no tienes forma de ganar.

¿CÓMO SE PIERDE EN EL TRADING?

Se puede perder de muchas maneras por lo cual a la hora de elaborar nuestro plan de trading debemos tener en cuenta las siguientes causas por las que se suele perder en el trading para revertirlas:

- Si tienes metas muy ambiciosas y quieres ganar mucho de seguro vas a perder mucho, porque si quieres ganar un 20% de la cuenta es muy difícil usar el 1% del capital en cada operación y ganar 25 operaciones consecutivas, probablemente te desesperes por no alcanzar tus objetivos y uses mucho dinero en una sola operación. Si usas un 20% de la cuenta en una operación tienes la posibilidad real de perder ese 20% y si tienes una diferencia de 5 operaciones perdidas terminaras inevitablemente con tu cuenta vacía.

- Si tu plan no tiene fundamentos y operas simplemente para ganar dinero sucederá exactamente lo contrario y perderás dinero. Un plan con fundamentos permite al Trader preocuparse por operar cada vez mejor y no simplemente para ganar dinero, el Trader que se ocupa de mejorar su forma de operar y sus estrategias termina ganado dinero y siendo rentable, esa es la clave del éxito en el trading.

- Otra forma de perder en el Trading es no utilizar Stop de ganancias y Stop de perdidas. En el Trading se puede ganar y se puede perder, son dos resultados posibles y naturales que pueden darse, incluso pueden suceder rachas de operaciones ganadas o perdidas en forma consecutiva, el tema es que si hay un Stop de ganancias o de perdidas puede suceder que en una racha perdedora se pierda una parte importante de la cuenta o por el contrario puede suceder que ante una serie de varias operaciones ganadas en forma consecutiva el Trader tome una excesiva confianza que lo haga salirse de las reglas de su plan y arriesgar más por ambición y inevitablemente perder más tarde o temprano.

Un stop saludable de pérdidas o ganancias es aquel que permite conservar la cuenta en caso de perdidas y por otro lado da la oportunidad de hacer crecer poco a poco la cuenta en caso de ganancias.

Si tu operas sin un stop por operación puedes perder mucho dinero en una sola operación perdida, si operas sin un stop de sesión puedes tener pérdidas significativas en tu cuenta en una sola sesión de Trading, si tu operas sin un stop semanal puedes llevar a vaciar tu cuenta en solo 7 días.

Lo importante de los Stop es que si se respetan con disciplina nos permiten dejar de operar cuando no estamos en nuestro mejor momento o estamos atravesando una racha negativa, recortando pérdidas y por otro lado nos permite asegurar las ganancias cuando estamos en una racha positiva, evitando sobre operar con exceso de confianza que nos haría perder lo que ya ganamos con anterioridad.

- Otra forma de perder en el trading es operar al azar sin una estrategia operativa comprobada con anterioridad, esto es lo mismo que apostar por un resultado en el casino.

No tiene ningún sentido no usar una estrategia cuando el trading nos da la enorme ventaja de la lectura de la acción del precio mediante sus patrones de movimiento. En el Módulo 1 de este curso: *¿Cómo ganar con el Trading de opciones binarias?* dedique un capitulo completo a la acción del precio y como operar en mercados alcistas, bajistas y laterales con mayor probabilidad de ganar.

- Otra forma de perder es no utilizar estrategias de gestión monetaria efectiva, no determinar cuánto capital vamos a usar por cada operación o lo que es peor no respetar con disciplina esta regla fundamental y modificar el valor porcentual que utilizamos en cada operación. Este es un error garrafal.

- Otra forma de perder es no establecer reglas de operaciones o en la sesión de trading, definir con claridad cuando y como operamos y cuando y como no operamos, respetando estas reglas con disciplina. Por ejemplo: puede suceder que llevemos una estadística de muchas operaciones y detectemos que nuestra efectividad mejora operando por la noche y por la mañana tengamos un mayor porcentaje de pérdidas, por lo tanto podemos determinar dentro de nuestro plan de Trading operar en el horario donde obtenemos un mayor porcentaje de aciertos en nuestras operaciones. También puede darse que tengamos mayor efectividad con determinados instrumentos financieros por lo cual podemos determinar con que activos vamos a operar como regla.

- También se puede perder cuando estamos expuestos mucho tiempo al mercado, es muy difícil mantener la disciplina de nuestro plan si sobre operamos y tenemos la mala suerte de tener una racha negativa.

- Otra forma de perder en el trading es operar en momentos en que no estamos psicológicamente en nuestro mejor día para hacer trading, podemos tener problemas en la familia o en el trabajo o simplemente no tener la suficiente tranquilidad para operar, todas situaciones que pueden afectar nuestra operativa.

- Otra forma de perder en el trading es no asegurar las ganancias, las ganancias se aseguran definitivamente cuando las retiramos a nuestra cuenta bancaria

Si tu consigues ganar un 50% en un mes haciendo trading y no tienes un plan de retiro de beneficios estas exponiendo a posibles pérdidas ese 50% dejándolo en la cuenta de Trading, por lo cual debes tener un plan para retirar parte de tus ganancias y otra parte para incrementar tu cuenta de Trading y usar el interés compuesto para hacer progresar exponencialmente tu cuenta de Trading.

- Otra forma de perder es no usar un diario de Trading para verificar que estamos siguiendo con disciplina nuestro plan de Trading, por otra parte el diario de Trading nos permite detectar posibles fallos en nuestra operativa y tomar acción para solucionarlos y mejorar nuestras operaciones.

ASPECTOS A TENER EN CUENTA AL DISEÑAR TU PROPIO PLAN DE TRADING

1) Conócete a ti mismo, determina qué tipo de inversor eres y cuáles son tus fundamentos a la hora de elaborar tu propio plan de Trading. Los fundamentos no se limitan a ganar dinero, debes pensar las razones por las cuales quieres convertirte en un Trader rentable.

Es importante que conozcas cuáles son tus puntos fuertes y débiles al hacer trading, que los detectes y elabores estrategias para solucionar los puntos débiles y reforzar los puntos fuertes.

2) Define cuáles son tus objetivos y metas del plan de Trading, ten en cuenta que estas no deben limitarse a ganar dinero.

Es importante que pongas metas cortas y realizables, que vayan acorde a los riesgos que asumas, las metas deben tener un plazo coherente y razonable para ser cumplidas.

El plan de trading debe tener metas diarias, semanales, mensuales y anuales a fin de trabajar con disciplina para lograrlas.

3) Define que tipo de instrumentos financieros y mercados te interesan, en cuales y en que horarios obtienes los mejores porcentajes de aciertos, como así también tus plazos preferidos.

Existen diferentes alternativas de inversión que puedes seleccionar: Opciones binarias, opciones digitales, Forex, CFD, etc.

A la hora de elegir los instrumentos financieros que utilizaremos en nuestro plan de Trading es sumamente importante elegir aquellos de los cuales tenemos conocimientos sólidos y que hemos operado exitosamente en backtesting o en demo.

4) Establece tus propias estrategias de trading, identificando punto de entrada y de salida de las operaciones.

Determina qué tipo de gráficos, beneficios, indicadores y tiempo de vencimiento te resultan mejores.

Dicha estrategia debe comprobarse en backtesting o demo, jamás debe probarse una estrategia no comprobada con dinero real.

5) Establece los Stop de ganancias y pérdidas por operaciones, sesiones de trading, diariamente, semanalmente y mensualmente.

6) Establece tu propio plan de gestión monetaria y de riesgos y síguelo con disciplina tanto cuando ganas como cuando pierdes.

Determina qué porcentaje de tu capital estas dispuesto a arriesgar por cada operación, cuantas operaciones crees que puedes llevar al mismo tiempo, cual es la máxima exposición de tiempo que puedes estar frente al mercado, cuál es tu limite de perdidas.

7) Determina como vas a gestionar tus emociones al hacer Trading, cuando crees que estas o no en condiciones de operar y que reglas emocionales puedes establecer para evitar que afecten tu trading.

8) Establece como vas a registrar el funcionamiento de tu plan, usar un diario de Trading es una excelente herramienta de aprendizaje ya que te permite detectar en qué condiciones aciertas o fallas en tus operaciones a fin de hacer las correcciones necesarias para operaciones futuras.

9) Prueba tu plan de trading en demo antes que en real, usar una cuenta demo o datos históricos con algún programa de backtesting es fundamental para corroborar la efectividad de tu

plan de trading y estrategias en forma gratuita antes de operar con dinero real.

COMO USAR UN PLAN DE TRADING

Para usar un plan de trading primero que nada hay que tenerlo perfectamente diseñado y plasmado en papel, no se puede comenzar a usar un plan incompleto con puntos no definidos.

El plan de Trading debe tener perfectamente definido el riesgo teniendo en cuenta los siguientes aspectos importantes:

PLAN DE RIESGO BAJO: Si usas solo un 1% por operación el riesgo es bajo, con una cuenta de 200 dólares necesitas perder una diferencia de 166 operaciones para vaciar la cuenta. Los autores suelen recomendar operar con un 1% a 2% por operación.

En mi caso recomiendo el uso de este plan con el 1% del capital por operación ya que el riesgo es se reduce notablemente.

PLAN DE RIESGO MEDIO: Si usas del 2% al 5% del capital por operación tienes mayores posibilidades de hacer crecer tu cuenta rápidamente en rachas positivas, sin embargo dependiendo cuánto dinero se utilice por cada operación, en una racha negativa se puede llegar a vaciar la cuenta con solo una diferencia de 20 a 50 operaciones perdedoras. No recomendado bajo ningún punto de vista sencillamente porque es muy fácil vaciar la cuenta con este plan.

PLAN DE RIESGO ALTO: Consiste en usar más del 5% del capital por operación, este tipo de gestión es destructora de cuentas ya que dependiendo de cuánto dinero se utilice por operación se puede vaciar la cuenta con una diferencia de operaciones perdedoras entre 5 y 20 operaciones perdidas. No recomendada bajo ningún concepto.

PLAN TEMERARIO: Consiste en usar más del 20% del capital por operación, este plan es un desastre porque con solo una diferencia de 5 operaciones perdedoras se destruye la cuenta de trading.

De todos los planes el único recomendado es el plan de ***riesgo bajo*** ya que es el único que permite conservar el capital en las rachas perdedoras y incrementar paso a paso la cuenta de trading asumiendo un riego razonable.

El resto de los planes no los recomiendo bajo ningún punto de vista ya que cualquier Trader puede tener una racha negativa con una diferencia de 25 operaciones perdedoras y vaciar la cuenta.

"Recuerda que el primer objetivo de tu plan de trading debe ser cuidar el capital de tu cuenta para hacerlo crecer poco a poco con disciplina".

ESTRATEGIAS DEFINIDAS

Es necesario tener perfectamente definidas y comprobadas nuestras estrategias de trading, instrumentos financieros que utilizamos, puntos de entrada, puntos de salida, etc.

RATIO BENEFICIO RIESGO

Este punto es importantísimo en un plan de trading ya que el ratio beneficio riesgo debe ser lo más cercano al valor 1 posible, esto quiere decir que si por ejemplo arriesgas 1 dólar puedes obtener una ganancia igual de 1 dólar (beneficio). Si por cada dólar, tu beneficio fuera solo del 50% necesitarías ganar 2 operaciones cada una operación perdida, se necesitaría mucha efectividad en las operaciones tan solo para recuperar las perdidas.

El mercado no siempre da beneficios del 100% por lo cual mi recomendación es operar con beneficios mayores al 87% y una estrategia que tenga una efectividad al menos del 54%.

ESTABLECER METAS Y STOP DE PÉRDIDAS Y GANANCIAS

Usa las metas diarias, semanales y mensuales como guía de objetivos y opera con disciplina usando tu stop de perdidas como de ganancias.

ESTABLECE REGLAS DE SESION Y DE TU PLAN

Pauta las reglas de tu plan y síguelas con disciplina

GESTION DEL CAPITAL

Utiliza un plan de gestión monetaria y síguelo en toda circunstancia, controla que dicha gestión monetaria está funcionando correctamente.

REGISTRA TU PLAN EN UN DIARIO

Utiliza un diario para registrar, evaluar y mejorar tus operaciones.

"Para lograr el éxito y la rentabilidad ganado más de lo que perdemos, todos necesitamos un plan y un diario de trading"

"Recuerda que el plan de trading es el mapa, tu hoja de ruta hacia el éxito".

CAPÍTULO 3

FUNDAMENTOS DEL PLAN DE TRADING

Suelo escuchar con mucha facilidad a personas que exponen sus argumentos en contra del Trading.
Los foros, comentarios en YouTube, chats de la plataforma de Trading son algunos de los lugares donde los Traders suelen desaconsejar el trading, siempre después de una perdida que han sufrido ya que en el momento que ganan no hacen este tipo de comentarios.

¿Quiénes desaconsejan el Trading?

Aquellos Traders que pierden más de lo que ganan porque usan el Trading como si fuera un casino.

En el módulo 1 de este curso *¿Cómo ganar con el Trading de opciones binarias?* he demostrado que teniendo una buena estrategia con regulares porcentajes de aciertos (54%) y un buen plan de Trading, se puede ganar y hacer una pequeña fortuna en el Trading de opciones binarias cuidando el capital.

No hace falta ser un genio de las finanzas ni tener una fórmula mágica, sino de realizar muchas operaciones gestionando el capital (con poco dinero cada operación) con una estrategia comprobada en demo o en backtesting, utilizando un plan de Trading con reglas a seguir con estricta disciplina.

Si tú sientes que no se puede ganar en el Trading me gustaría hacerte algunas preguntas:

¿Haz encontrado y comprobado un estrategia en demo o backtesting un considerable número de operaciones?

¿Haz diseñado tu propio plan de Trading con reglas estrictas para seguir tu estrategia?

¿Haz comprobado tu Plan de Trading en backtesting?

Una vez que encontraste una estrategia rentable ¿Haz elaborado un plan de gestión de riesgos y gestión monetaria con el objetivo de cuidar el capital de tu cuenta?

¿Haz registrado tus operaciones en detalle en un diario de Trading?

La mayoría de las personas que hacen malos comentarios sobre el trading lo han experimentado en forma amateur, y las consecuencias de un Trading amateur son inevitablemente la perdida de dinero y frustración, es lo mismo que sucede todos los días con las personas al entrar al casino con un poco de dinero y la gran mayoría salen sin nada y unos pocos con un poquito de suerte y disciplina logran llevarse algo.

Si quieres aprender a hacer Trading y ganar más de lo que pierdes debes convertirte en un profesional y no me refiero a conocimientos avanzados, sino a tener conocimientos firmes hacia el éxito plasmados en un plan de trading y seguido con estricta disciplina.

¿PORQUE DEBERIAS HACER TRADING?

Los beneficios son muchos y abarcan mucho más que el simple hecho de ganar dinero, el Trader que abre una operación solo por ganar dinero más temprano que tarde va a terminar perdiéndolo.

UN POSIBLE CAMINO HACIA LA LIBERTAD FINANCIERA

Si logras diseñar tu plan de trading, encontrar un estrategia y comprobar esto en una cuenta demo o backtesting puedes tener una alternativa de ingresos extras a tu actividad laboral actual, de hecho ese es el camino recomendado ya que una vez logres la rentabilidad puedes optar por dedicarte al Trading como muchas personas alrededor de todo el mundo.

Si puedes llevar tu cuenta demo de 100 o 200 dólares a 1000 dólares en unos meses tranquilamente lo puedes hacer tranquilamente del mismo modo en real y obtener un buen número mensual para vivir, no es algo imposible. El trading tiene el beneficio de poder hacer crecer el capital de la cuenta en forma exponencial utilizando el interés compuesto.

APRENDER TRADING ES CASI GRATIS

En cualquier carrera universitaria o profesión los costos son excesivamente altos por tener innumerables gastos:

- Libros
- Apuntes
- Útiles
- Pago de cuotas
- Transporte
- Recursos materiales
- Horas de estudio
- Exámenes

El trading por el contrario se puede aprender prácticamente gratis, con adecuada formación como la que brinda este curso y acceso a un dispositivo con conexión a internet dedicando como máximo una hora diaria puedes hacerte un Trader profesional en poco tiempo.

UNA ALTERNATIVA DISPONIBLE AUN EN CUARENTENA

Cuando llego la cuarentena y se vio afectada la economía de miles de familias por la pérdida de empleo a nivel mundial, hubo unas pocas actividades que no se vieron afectadas y siguieron funcionando como si nada hubiera pasado.

El Trading fue una de esas actividades que siguió funcionando y creciendo más que antes, lo malo es que muchas personas en este tiempo se volcaron al Trading sin los conocimientos adecuados utilizándolo temerariamente como si fuera un casino y terminaron perdiendo mucho dinero.

Sin embargo unos cuantos Traders seguimos ganando dinero con nuestro propio plan de Trading con sus reglas y estrategias en forma disciplinada.

Te aclaro que si te quedaste sin empleo y quieres volcarte al Trading no es una buena opción si no tienes experiencia, no tienes un plan ni tienes estrategias.

Solo debes volcarte al Trading con dinero real como decisión personal, una vez que hayas demostrado que tienes un plan y estrategias que funcionan en demo o en backtesting en una gran cantidad de operaciones, de otra forma no, porque perderás tu dinero.

EL TRADING NO DISCRIMINA
El trading es una de las pocas actividades que no discrimina a las personas.

UN TRABAJO PARA QUIEN QUIERA TOMARLO
Una persona mayor de 40 años que se queda sin trabajo es muy difícil que vuelva a ser empleada. La ventaja del Trading es que es una excelente alternativa para personas de cualquier edad que deseen tomarla, cabe aclarar que es necesario corroborar previamente si en demo o en backtesting podemos generar un trading rentable.

NO IMPORTA SI ERES HOMBRE O MUJER
Al contrario de la mayoría de los empleos el trading no hace distinción de género y brinda las mismas oportunidades y riesgos tanto a hombres como a mujeres.

NO IMPORTA SI ERES RICO O SI ERES POBRE
El trading no hace distinción de tu condición económica para poder invertir en instrumentos financieros, de hecho hace varios años se abrió la posibilidad de inversión para inversores minoristas.

NO IMPORTA TU RELIGION NI TU RAZA
El trading está disponible para todos, cuando abres tu cuenta de Trading jamás te van a preguntar si eres blanco, negro o si tienes alguna religión en particular.

NO IMPORTA SI TIENES CAPACIDADES DIFERENTES
El trading también está disponible para personas con uso de razón que les costaría conseguir empleo por tener capacidades diferentes: Sordos, personas con problemas motores, mentales leves, disminuidos visuales leves, etc. (Obviamente depende de cada caso)

SER TU PROPIO JEFE

Imagina por un momento ser independiente y no tener un jefe al cual responder:

"No sería eso grandioso"

Cuantas personas no desean tener una actividad propia a desarrollar que les genere dinero para vivir sin depender de absolutamente de nadie.

MANEJAR Y ORGANIZAR TUS TIEMPOS

¿Cuántas actividades te dan la posibilidad de manejar y organizar tus tiempos?

Te puedo asegurar que alcanza con dedicar una hora diaria de trading para ser rentable, imagina usar solo una hora al día y disponer de 23 horas en el resto del día.

EL TRADING PUEDE GENERAR APTITUD, CONDUCTA Y DISCIPLINA

El Trading es una de las pocas actividades donde no existen reglas pero necesariamente las debemos crear nosotros mismos y aplicar con disciplina para no fracasar en el intento.

En el Trading no hay excusas:

"Se gana o se pierde"

Y los resultados son pura responsabilidad del Trader tanto si gana como si pierde.

Un Trader disciplinado que logra la rentabilidad experimenta enormes beneficios al tomar decisiones en su vida cotidiana.

Un trader rentable tiene excelentes aptitudes:

- *"Sabe decir no"*
- *"Sabe tomar decisiones con precaución pero sin miedo"*
- *"Sabe cuáles son sus límites, no se cree el mejor cuando gana ni se cree el peor cuando pierde"*

- *"Respeta sus reglas con disciplina y adopta este estilo de vida cotidianamente"*
- *"Sabe que en el Trading al igual que en la vida se gana y se pierde y acepta responsablemente los resultados"*
- *"No se preocupa por ganar dinero sino por no perderlo"*
- *"Se preocupa por mejorar sus operaciones y los beneficios vienen solos como resultados de sus acciones"*
- *"No le preocupa ganar o perder, se ocupa de tomar las mejores decisiones y hacer las cosas lo mejor posible"*
- *"No intenta ganar dinero rápidamente"*
- *"Sigue firmemente su plan de gestión monetaria y no intenta recuperar dinero perdido rápidamente"*
- *"Se centra en los fundamentos y reglas de su plan de trading y no simplemente en ganar dinero"*

¿ES FACIL HACER TRADING?

Bajo ningún punto de vista.

El trading es una de las actividades más difíciles de realizar porque si bien no tiene reglas exige una gran cantidad de aptitudes que no todos los humanos tienen.

Si observas los diferentes instrumentos financieros que ofrecen los bróker, abajo en letra pequeña suelen indicar la gran cantidad de personas que pierden con ellos, porcentajes altos del total que según el instrumento pueden rondar entre el 75 al 87%.

¿Debe asustarnos este gran porcentaje de Traders que pierden consistentemente?

En realidad no, porque todos los Traders que pierden no tienen plan de Trading, no tienen reglas, no usan estrategias y operan como si el Trading fuera un casino, entonces los resultados son lógicamente consistentes con la forma de operar.

¿CUALES SON TUS FUNDAMENTOS PARA HACER TRADING?

Si tomas el trading como un casino obtendrás los mismos resultados pobres que obtienen las personas al ir al casino.

Si quieres tomar el Trading en forma profesional debes establecer tus propios fundamentos en tu plan de trading:

¿Qué aptitudes deseas lograr en tu persona?

¿Deseas ser totalmente independiente y ser tu propio jefe?

¿Deseas lograr libertad financiera?

¿Deseas aprender gratuitamente dedicando un poco de tiempo al día al Trading?

¿Deseas poder manejar y organizar tus tiempos?
¿Deseas tener un ingreso extra?
¿Deseas tener una alternativa de ingresos?
¿Deseas ser parte de una actividad inclusiva que no discrimina?

"La clave para lograr la rentabilidad es no usar el Trading como si fuera un casino, tomar el Trading seriamente en forma profesional, diseñar un plan de trading usando estrategias y reglas para cuidar el capital de la cuenta disciplinadamente, preocuparse por operar mejor y tomar mejores decisiones para hacer crecer la cuenta paso a paso".

CAPÍTULO 4

METAS, STOP LOSS Y

STOP WIN DEL PLAN DE TRADING

Un aspecto bien importante a la hora de diseñar un plan de trading con aspiraciones de que sea rentable es establecer metas realizables, metas cumplibles en base a los números estadísticos que arroje nuestra estrategia.

Las metas irreales son un causal por el cual los Traders se frustran a menudo y abandonan las reglas de su plan de Trading y terminan perdiéndolo todo.

Vamos a un ejemplo concreto para entender bien porque las metas incumplibles llevan al fracaso:

Un Trader que tiene una estrategia con una efectividad del 54% de aciertos y opera con activos financieros que otorgan el 87% de beneficios:

¿Podrá tener una meta diaria de ganancias del +10%?

Hagamos cuentas para entender bien:

- Suponiendo que este Trader tiene un capital de 100 dólares y opera con el 1% de su capital por operación (1 DÓLAR)

¿Cuánto ganaría este Trader cada 100 operaciones?

- Si de un total de 100 operaciones con 1 dólar cada una, gana el 54% con el 87% de beneficios la cuenta será 54 x 0.87 un total de 46.98 de beneficios menos 46 operaciones perdidas de un dólar nos da 46,98 – 46 operaciones nos da un total de 0.98 dólares o +0.98%.

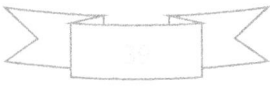

- Para obtener un 10% de beneficios este Trader debería realizar aproximadamente unas 1000 operaciones diarias.
- 1000 operaciones diarias implican un total de más de 16 horas diarias de Trading.

¿Crees que un Trader puede operar 16 horas diarias para obtener un 10% de beneficios?

¿Podrá mantener un Trader su plan y reglas con disciplina 16 horas al día?

¿Deberá este Trader aumentar el porcentaje de capital por operación para obtener mejores resultados y más rápido?

¿Deberá operar con 5 o 6 pantallas a la vez para realizar más operaciones al mismo tiempo?

¿Deberá este Trader buscar una estrategia con mayor porcentaje de aciertos o activos financieros que reporten mayores beneficios por cada operación ganada?

¿Deberá este Trader replantearse sus objetivos diarios nuevamente?

Vamos a analizar cómo definir y plantear en nuestro plan de Trading metas razonables.

EL FRACASO DE LAS METAS IMPOSIBLES

Muchas veces el problema del fracaso en el Trading es querer ganar mucho dinero demasiado rápido, es un error frecuente de los Traders que pierden en reiteradas ocasiones que desencadena otros errores groseros como los siguientes:

- Operar muchas horas al día
- Operar con más de una pantalla a la vez, cuando la realidad es que la atención del humano llega a percibir el 1% de la información que le llega a través de sus sentidos.
- Desesperarse al estar mucho tiempo haciendo Trading y no conseguir buenos resultados, puede apartarnos de la disciplina y reglas de nuestro plan de trading.
- Aumentar el porcentaje del capital por operación para intentar llegar a la meta que no podemos cumplir, saliendo de nuestro plan de gestión monetaria y de riesgos.

- Utilizar estrategias perdedoras para intentar recurarse de una racha de pérdidas como la martingala (doblar el capital cada vez que se pierde una operación).
Este tipo de estrategia es nefasta y pobre ya que se llega a usar todo el capital para recuperar un pequeño monto perdido llegando a vaciar la cuenta en solo una racha de 5 o 6 operaciones pérdidas. Por otro lado, va totalmente en contra de la auto disciplina que debe tener un Trader rentable que sabe aceptar tanto sus operaciones ganadas como perdidas.
- Creer que el problema del fracaso es nuestra estrategia de Trading y abandonarla, intentando buscar una nueva estrategia.

GUÍA PASO A PASO PARA PLANTEAR METAS COHERENTES DENTRO DEL PLAN DE TRADING

Para elaborar metas razonables dentro de nuestro plan de trading es necesario seguir una serie de pasos saludables hacia la rentabilidad.

Paso 1: Prediseñar nuestro Plan de Trading, estableciendo las reglas para operar, gestión monetaria y del riesgo, gestión psicológica que vamos a usar con disciplina en backtesting o en cuenta demo.

Paso 2: Comprobar nuestra estrategia y pre diseño del plan de trading un considerable número de veces en backtesting (nos sirve para ganar tiempo) o en una cuenta demo, cuando digo un considerable número de veces me refiero a un mínimo de 2000 operaciones y un máximo de 10000 operaciones. En backtesting se puede recortar considerablemente el tiempo ya que se opera con datos históricos del pasado mientras que en una cuenta demo se puede llegar a hacer entre 60-70 operaciones diarias (1 Hora y 10 minutos diarios) consiguiendo comprobar la efectividad de nuestra estrategia en un mes, con un número importante de operaciones.
Cabe aclarar que para buscar una estrategia los beneficios deben ser al menos del 87%, de lo contrario la rentabilidad dependerá mucho de un altísimo porcentaje de aciertos que muy pocos Traders llegan a lograr.
Nuestra estrategia y pre diseño del plan de Trading debe ser registrada en un diario de Trading a fin de detectar posibles errores y

corregirlos a fin de mejorar nuestra forma de operar y tener un mayor porcentaje de aciertos.

Paso 3: Determinar cuál es el porcentaje de aciertos de nuestra estrategia a fin de establecer las metas y stop de pérdidas y ganancias en nuestro plan de trading.

En este paso también debemos tener en cuenta cual es el tiempo que nosotros consideramos adecuado para operar lo mejor posible, manteniendo la disciplina, siguiendo las reglas del plan.

Operar un total de una hora u hora y quince minutos puede ser un tiempo razonable que no necesariamente se debe usar todo junto, sino sumados en 2 o 3 sesiones diarias de trading.

Vamos a un ejemplo real:

Un Trader comprobó que su estrategia tiene una efectividad del 56% cada 100 operaciones y considera que puede operar 70 operaciones diarias o 1 hora y 10 minutos diarios.

¿CÓMO ESTABLECER METAS DIARIAS RAZONABLES?

La forma de establecer metas razonables es siguiendo la estadística de sus resultados:

Cada 70 operaciones gana el 56% y pierde el 44% de las veces.
El 56% de 70 operaciones son 39,2, si quisiéramos calcular con operaciones de un dólar y beneficios del 0.87 dólares o 87% haríamos la siguiente cuenta: 39.2 x 0.87 dándonos un total de +34.10 dólares de beneficios cada 70 operaciones.
El 44% de 70 operaciones son 30.80, si quisiéramos calcular con operaciones de un dólar y pérdidas del 100% por operación pérdida haríamos la siguiente cuenta: 30.80 x 1 dándonos un total de -30.80 dólares de perdida cada 70 operaciones
34.10 – 30.80 nos da un beneficio de 3.3 dólares cada 70 operaciones
O expresado en porcentaje un +3.3% del capital inicial.

Quizá este número parezca pobre en resultados pero teniendo en cuenta que el mes tiene 30 días se puede conseguir doblar el capital de la cuenta en este plazo.

¿Qué actividad o negocio conoces que duplique una inversión en solo un mes?

¿Qué sucede si no alcanzamos el +3.3% que establecimos como meta diaria?

Esta es una buena pregunta porque al calcular la efectividad de una estrategia nos va a arrojar resultados creíbles cuando la corroboramos en un gran número de operaciones, sin embargo en el trading no podemos saber el orden de las operaciones ganadas o perdidas, se nos puede dar una racha ganadora o perdedora donde haya días que sumemos más que ese 3.3% de beneficios o en que cerremos en pérdidas tras las 70 operaciones del día.

"Lo importante es que en promedio entre días ganadores y perdedores siguiendo nuestra estrategia y plan de trading con disciplina tendremos ese +3.3% de ganancias en promedio".

TE RECOMIENDO NUESTRO LANZAMIENTO:

CALCULO SENCILLO DE METAS DIARIAS

Calcular porcentaje de aciertos y fallos de nuestra estrategia cada 100 dólares usando el 1% por cada operación, con el beneficio mínimo de 87% en operaciones ganadas y una pérdida del 100% en operaciones perdidas sobre la cantidad de operaciones diarias que planificamos realizar

Por ejemplo si la estrategia tiene un 60% de aciertos y 40% de fallos

OPERACIONES GANADAS: $\dfrac{60\% \times 70 \text{ OPERACIONES}}{100}$

NOS DA UN TOTAL DE 42 OPERACIONES GANADAS CADA 70

ACIERTOS: 42 ACIERTOS X 0.87 (BENEFICIO X OPERACIÓN)
NOS DA UN TOTAL DE 36.54 DÓLARES DE BENEFICIOS CADA 70 OPERACIONES

OPERACIONES PERDIDAS: $\dfrac{40\% \times 70 \text{ OPERACIONES}}{100}$

NOS DA UN TOTAL DE 28 OPERACIONES PERDIDAS CADA 70

FALLOS: 28 FALLOS X 1 DOLAR (PERDIDA OPERACIÓN)
NOS DA UN TOTAL DE 28 DÓLARES DE PERDIDA CADA 70 OPERACIONES

OPERACIONES GANADAS: 36.54
OPERACIONES PERDIDAS: 28.00
RESULTADO FINAL: +8.54 DÓLARES
RESULTADO PORCENTUAL: +8.54% DIARIO

En este caso concreto una meta diaria razonable promedio diaria seria +8.54% de beneficios.

Hay que tener en cuenta que estos valores promedios se toman sobre un gran número de operaciones pudiendo no siempre tener los mismos resultados de beneficios diarios, pero en promedio siguiendo la estrategia y el plan tal cual fue comprobado en demo o backtesting nos arrojaría esos beneficios en promedio.

¿CÓMO ESTABLECER METAS SEMANALES RAZONABLES?
Del mismo modo que se hace el cálculo de metas diarias, pero utilizando la cantidad de operaciones semanales.

CALCULO SENCILLO DE METAS SEMANALES

Calcular porcentaje de aciertos y fallos de nuestra estrategia cada 100 dólares usando el 1% en cada operación, con el beneficio mínimo de 87% en operaciones ganadas y una pérdida del 100% en operaciones perdidas sobre la cantidad de operaciones semanales que planificamos realizar *Por ejemplo si la estrategia tiene un 60% de aciertos y 40% de fallos*
TOTAL OPERACIONES: 70 X 7: 490 *OPERACIONES GANADAS:* $\dfrac{60\% \ X \ 490 \ OPERACIONES}{100}$ *NOS DA UN TOTAL DE 294 OPERACIONES GANADAS CADA 490* *ACIERTOS: 294 ACIERTOS X 0.87 (BENEFICIO OPERACIÓN)* *NOS DA UN TOTAL DE 255.78 DÓLARES DE BENEFICIOS CADA 490 OPERACIONES*
OPERACIONES PERDIDAS: $\dfrac{40\% \ X \ 490 \ OPERACIONES}{100}$ *NOS DA UN TOTAL DE 196 OPERACIONES PERDIDAS CADA 490* *FALLOS: 196 FALLOS X 1 DOLAR (PERDIDA OPERACIÓN)* *NOS DA UN TOTAL DE 196 DÓLARES DE PERDIDA CADA 490 OPERACIONES*
OPERACIONES GANADAS: 255.78 *OPERACIONES PERDIDAS: 196* *RESULTADO FINAL: +59.78 DÓLARES* *RESULTADO PORCENTUAL: +59.78% SEMANAL* *En este caso concreto una meta semanal razonable promedio seria +59.78% de beneficios.*

¿CÓMO ESTABLECER METAS MENSUALES RAZONABLES?

Del mismo modo que se hace el cálculo de metas semanales pero utilizando la cantidad de operaciones mensuales.

CALCULO SENCILLO DE METAS MENSUALES

Calcular porcentaje de aciertos y fallos de nuestra estrategia cada 100 dólares usando el 1% en cada operación, con el beneficio mínimo de 87% en operaciones ganadas y una pérdida del 100% en operaciones perdidas sobre la cantidad de operaciones mensuales que planificamos realizar

Por ejemplo si la estrategia tiene un 60% de aciertos y 40% de fallos

---

TOTAL OPERACIONES: 70 X 30: 2100

OPERACIONES GANADAS: 60% X 2100 OPERACIONES
                              100

NOS DA UN TOTAL DE 1260 OPERACIONES GANADAS CADA 2100

ACIERTOS: 1260 ACIERTOS X 0.87 (BENEFICIO OPERACIÓN)
NOS DA UN TOTAL DE 1096.20 DÓLARES DE BENEFICIOS CADA 2100 OPERACIONES

OPERACIONES PERDIDAS: 40% X 2100 OPERACIONES
                               100

NOS DA UN TOTAL DE 840 OPERACIONES PERDIDAS CADA 2100

FALLOS: 840 FALLOS X 1 DOLAR (PERDIDA OPERACIÓN)
NOS DA UN TOTAL DE 840 DÓLARES DE PERDIDA CADA 2100 OPERACIONES

OPERACIONES GANADAS: 1096.20
OPERACIONES PERDIDAS: 840
RESULTADO FINAL: +256.20 DÓLARES
RESULTADO PORCENTUAL: +256.20% MENSUAL

En este caso concreto una meta mensual razonable promedio seria +256.20% de beneficios.

LIMITES PARA SER RENTABLES: STOP LOSS Y STOP WIN

"Una persona que maneja en un auto nuevo y lo siente cómodo y muy segura probablemente experimente un exceso de confianza que no sea realmente lo mejor para manejar y si no tiene control y disciplina de sus emociones probablemente comience a acelerar y manejar más allá de los límites permitidos hasta tener un accidente".

"Por otro lado una persona contraria a la anterior que maneja un auto nuevo en una carretera donde hay una velocidad mínima permitida y maneja con miedo a muy baja velocidad es casi seguro que sea embestida o tenga un accidente con otro vehículo".

Estos ejemplos los pongo para ejemplificar claramente dos situaciones similares que suceden a menudo en el trading:

"El exceso de confianza y el miedo"

Estos son dos causales frecuentes de los Traders que pierden consistentemente. Un Trader que quiera ser rentable debe tener confianza en su estrategia y plan de trading y seguirlo disciplinadamente, pero jamás debe tener excesiva confianza porque lo puede llevar a sufrir grandes pérdidas. Otra aptitud del Trader debe ser la seguridad en lo que hace, sin tener miedo, pero usando la precaución en sus operaciones porque sabe perfectamente que termina ganando aquel que pierde menos.

LIMITES QUE HAY QUE TENER CLAROS EN EL TRADING

Los Traders deben tener bien claro sus límites para operar ganando o perdiendo y deben respetarlos porque es la única forma de parar las perdidas en una racha negativa o de evitar operar con una excesiva confianza en las rachas positivas y perder lo que ya se ganó con anterioridad.

STOP LOOS O STOP DE PÉRDIDAS

El stop de pérdidas es el límite de pérdidas que usamos como referencia para dejar de operar, porque posiblemente no estemos en nuestro mejor día o emocionalmente estamos operando mal y seguir operando atentara contra nuestra cuenta por las malas decisiones que podemos llegar a tomar.

STOP DIARIO

Es el límite diario para dejar de operar en el día. que no necesariamente se expresa en perdidas, sino que puede expresarse en tiempo o cantidad de operaciones.

TIPOS DE STOP DE PERDIDAS DIARIOS

STOP LOSS	FUNDAMENTACIÓN
STOP LOSS DE TIEMPO	Consiste en operar determinado tiempo por día independientemente de los resultados de nuestras operaciones. Por ejemplo: Operar solo 60 minutos diarios.
STOP LOSS DE OPERACIONES	Consiste en operar determinado número de operaciones por día independientemente de los resultados de nuestras operaciones. Por ejemplo: Realizar solo 50 operaciones al día.
STOP LOSS DE OPERACIONES PERDIDAS	Consiste en establecer una diferencia entre operaciones perdedoras sobre las ganadoras como límite para dejar de operar. Por ejemplo: Dejar de operar cuando alcanzamos una diferencia de -5 operaciones perdidas hasta el próximo día
STOP LOOS DE PERDIDAS PORCENTUAL	Consiste en establecer un porcentaje fijo de pérdidas diarias que al alcanzarlo sea el indicador de no poder operar más en el día. Por ejemplo: Si nuestra cuenta de trading llega al -5% dejamos de operar hasta el próximo día.
STOP LOSS DE META CONTRARIA	Consiste en dejar de operar cuando llegamos a una pérdida contraria a nuestra meta diaria. Por ejemplo: Si nuestra meta diaria es alcanzar un +6% pero al contrario perdemos un -6% de nuestra cuenta dejamos automáticamente de operar hasta el próximo día.
STOP COMBINADOS	Consiste en usar dos tipos de stop al mismo tiempo Por ejemplo usar un stop de tiempo diario (60 minutos al día) y de operaciones pérdidas, cuando se cumple cualquiera de los dos se deja de operar.

TIPOS DE STOP DE GANANCIAS DIARIOS

STOP WIN	FUNDAMENTACIÓN
STOP WIN DE TIEMPO	Consiste en operar determinado tiempo por día independientemente de los resultados de nuestras operaciones. Por ejemplo: Operar solo 60 minutos diarios, cuando se llega a este límite se deja de operar hasta el próximo día.
STOP WIN DE OPERACIONES	Consiste en operar determinado número de operaciones por día independientemente de los resultados de nuestras operaciones. Por ejemplo: Realizar solo 50 operaciones al día, cuando se llega a este límite se deja de operar hasta el próximo día.
STOP WIN DE OPERACIONES GANADAS	Consiste en establecer una diferencia entre operaciones ganadoras sobre las perdedoras como límite para dejar de operar. Por ejemplo: Dejar de operar cuando alcanzamos una diferencia de +5 operaciones ganadas, hasta el próximo día. Ideal para los que pecan de exceso de confianza
STOP WIN DE GANANCIAS PORCENTUAL	Consiste en establecer un porcentaje fijo de ganancias diarias que al alcanzarlo sea el indicador de no poder operar más en el día. Por ejemplo: Si nuestra cuenta de trading llega al +5%, dejamos de operar hasta el próximo día. Ideal para los que pecan de exceso de confianza
STOP WIN DE META DOBLE	Consiste en dejar de operar cuando llegamos a una ganancia doble a nuestra meta diaria. Por ejemplo: Si nuestra meta diaria es alcanzar un +6% pero logramos un +12% de nuestra cuenta, dejamos automáticamente de operar hasta el próximo día.
STOP COMBINADOS	Consiste en usar dos tipos de stop al mismo tiempo. Por ejemplo, usar un stop de tiempo diario (60 minutos al día) y de operaciones ganadas, cuando se cumple cualquiera de los dos se deja de operar hasta el próximo día.

TIPOS DE STOP DE PÉRDIDAS SEMANALES

STOP LOSS	FUNDAMENTACIÓN
STOP LOSS DE TIEMPO	Consiste en operar determinado tiempo por semana independientemente de los resultados de nuestras operaciones. Por ejemplo: Operar solamente 7 horas semanales, cuando se llega al límite se deja de operar hasta la próxima semana.
STOP LOSS DE OPERACIONES	Consiste en operar determinado número de operaciones por semana independientemente de los resultados de nuestras operaciones. Por ejemplo: Realizar solamente 400 operaciones a la semana, cuando se llega a este límite se deja de operar hasta la próxima semana.
STOP LOSS DE OPERACIONES PERDIDAS	Consiste en establecer una diferencia entre operaciones perdedoras sobre las ganadoras semanalmente como límite para dejar de operar. Por ejemplo: Dejar de operar cuando alcanzamos una diferencia de -25 operaciones perdidas, cuando se llega a este límite se deja de operar hasta la próxima semana.
STOP LOOS DE PERDIDAS PORCENTUAL	Consiste en establecer un porcentaje fijo de perdidas semanales que al alcanzarlo sea el indicador de no poder operar más en la semana Por ejemplo: Si nuestra cuenta llega al -15% dejamos de operar hasta la próxima semana.
STOP LOSS DE META CONTRARIA	Consiste en dejar de operar cuando llegamos a una pérdida contraria a nuestra meta semanal. Por ejemplo: Si nuestra meta semanal es alcanzar un +15% pero al contrario perdemos un -15% de nuestra cuenta dejamos automáticamente de operar hasta la próxima semana.
STOP COMBINADOS	Consiste en usar dos tipos de stop al mismo tiempo. Por ejemplo, usar un stop de tiempo semanal de 7 horas y de operaciones pérdidas, cuando se cumple cualquiera de los dos se deja de operar hasta la próxima semana.

TIPOS DE STOP DE GANANCIAS SEMANALES

STOP WIN	FUNDAMENTACIÓN
STOP WIN DE TIEMPO	*Consiste en operar determinado tiempo por semana independientemente de los resultados de nuestras operaciones. Por ejemplo: Operar 7 horas semanales, cuando se llega a este límite se deja de operar hasta la próxima semana.*
STOP WIN DE OPERACIONES	*Consiste en operar determinado número de operaciones por semana independientemente de los resultados de nuestras operaciones.* *Por ejemplo: Realizar 400 operaciones por semana, cuando se llega a este límite se deja de operar hasta la próxima semana.*
STOP WIN DE OPERACIONES GANADAS	*Consiste en establecer una diferencia entre operaciones ganadoras sobre las perdedoras como límite para dejar de operar.* *Por ejemplo: Dejar de operar cuando alcanzamos una diferencia de +25 operaciones ganadas hasta la próxima semana.* *Ideal para los que pecan de exceso de confianza*
STOP WIN DE GANANCIAS PORCENTUAL	*Consiste en establecer un porcentaje fijo de ganancias semanales que al alcanzarlo sea el indicador de no poder operar más en la semana.* *Por ejemplo: Si nuestra cuenta de trading llega al +15% dejamos de operar hasta la próxima semana.* *Ideal para los que pecan de exceso de confianza*
STOP WIN DE META DOBLE	*Consiste en dejar de operar cuando llegamos a una ganancia doble a nuestra meta semanal.* *Por ejemplo: Si nuestra meta semanal es alcanzar un +15% pero logramos un +30% de nuestra cuenta dejamos automáticamente de operar hasta la próxima semana.*
STOP COMBINADOS	*Consiste en usar dos tipos de stop al mismo tiempo. Por ejemplo usar un stop de tiempo semanal de 7 horas y de operaciones ganadas, cuando se cumple cualquiera de los dos se deja de operar hasta la próxima semana.*

TIPOS DE STOP DE PÉRDIDAS MENSUALES

STOP LOSS	FUNDAMENTACIÓN
STOP LOSS DE TIEMPO	Consiste en operar determinado tiempo por mes independientemente de los resultados de nuestras operaciones. Por ejemplo: Operar solamente 30 horas mensuales, cuando se llega al límite se deja de operar hasta el próximo mes.
STOP LOSS DE OPERACIONES	Consiste en operar determinado número de operaciones por mes independientemente de los resultados de nuestras operaciones. Por ejemplo: Realizar 2000 operaciones al mes, cuando se llega a este límite se deja de operar hasta el próximo mes.
STOP LOSS DE OPERACIONES PERDIDAS	Consiste en establecer una diferencia entre operaciones perdedoras sobre las ganadoras mensualmente como límite para dejar de operar. Por ejemplo: Dejar de operar cuando alcanzamos una diferencia de -50 operaciones perdidas, cuando se llega a este límite se deja de operar hasta el próximo mes.
STOP LOOS DE PERDIDAS PORCENTUAL	Consiste en establecer un porcentaje fijo de perdidas mensuales que al alcanzarlo sea el indicador de no poder operar más en el mes. Por ejemplo: Si nuestra cuenta de trading llega al -30% dejamos de operar hasta el próximo mes.
STOP LOSS DE META CONTRARIA	Consiste en dejar de operar cuando llegamos a una pérdida contraria a nuestra meta mensual. Por ejemplo: Si nuestra meta mensual es alcanzar un +30% pero al contrario perdemos un -30% de nuestra cuenta dejamos automáticamente de operar hasta el próximo mes.
STOP COMBINADOS	Consiste en usar dos tipos de stop al mismo tiempo. Por ejemplo, usar un stop de tiempo mensual de 30 horas y de operaciones pérdidas, cuando se cumple cualquiera de los dos se deja de operar hasta el próximo mes.

TIPOS DE STOP DE GANANCIAS MENSUALES

STOP WIN	FUNDAMENTACIÓN
STOP WIN DE TIEMPO	*Consiste en operar determinado tiempo por mes independientemente de los resultados de nuestras operaciones. Por ejemplo: Operar solamente 30 horas mensuales, cuando se llega al límite se deja de operar hasta el próximo mes.*
STOP WIN DE OPERACIONES	*Consiste en operar determinado número de operaciones por mes independientemente de los resultados de nuestras operaciones. Por ejemplo: Realizar 2000 operaciones por mes, cuando se llega a este límite se deja de operar hasta el próximo mes.*
STOP WIN DE OPERACIONES GANADAS	*Consiste en establecer una diferencia entre operaciones ganadoras sobre las perdedoras como límite para dejar de operar. Por ejemplo: Dejar de operar cuando alcanzamos una diferencia de +100 operaciones ganadas, hasta el próximo mes. Ideal para los que pecan de exceso de confianza*
STOP WIN DE GANANCIAS PORCENTUAL	*Consiste en establecer un porcentaje fijo de ganancias mensuales que al alcanzarlo sea el indicador de no operar más en el mes. Por ejemplo: Si nuestra cuenta llega al +50% dejamos de operar hasta el próximo mes. Ideal para los que pecan de exceso de confianza.*
STOP WIN DE META DOBLE	*Consiste en dejar de operar cuando llegamos a una ganancia doble a nuestra meta mensual. Por ejemplo: Si nuestra meta mensual es alcanzar un +50% pero logramos un +100% de nuestra cuenta dejamos automáticamente de operar hasta el próximo mes.*
STOP COMBINADOS	*Consiste en usar dos tipos de stop al mismo tiempo. Por ejemplo usar un stop de tiempo mensual de 30 horas y de operaciones ganadas, cuando se cumple cualquiera de los dos se deja de operar hasta el próximo mes.*

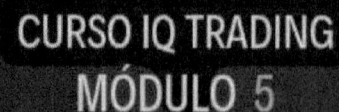

CURSO IQ TRADING
MÓDULO 5

¿CÓMO USAR LA ESTADÍSTICA PARA LOGRAR UN TRADING RENTABLE?

TESTEOS Y TABLAS ESTADÍSTICAS PARA GANAR CON TU PLAN DE TRADING PENSANDO EN TERMINO DE PROBABILIDADES

IGOR QUZ
Ediciones IQ

CAPÍTULO 5

ESTRATEGIAS DE TRADING

Uno de los temas que generan más interés en los Traders son las estrategias operativas, de hecho es uno de los temas más buscados en el Trading.

¿Es realmente importante la estrategia que utilices?

La estrategia que utilices es importante, pero no tanto por el porcentaje de aciertos que pueda generar en unas pocas operaciones sino por los aciertos y ganancias que pueda generar a largo plazo.

LEY DE LOS GRANDES NÚMEROS

Tú puedes saber el porcentaje de aciertos de una estrategia que compruebas un considerable número de operaciones, pero jamás podrás saber el orden de estos resultados.

Vamos con un ejemplo sencillo para que entiendas mejor:

- Si tú tiraras una moneda al aire existe un 50% de que salga CARA y un 50% de que salga SECA, las mismas posibilidades que la moneda caiga de uno u otro lado.
- Si tiraras la moneda solo dos veces puede darse la posibilidad de que caiga las dos veces en forma consecutiva del mismo lado y los resultados darían 100% de un lado y 0% del otro.
- Si tiraras la moneda unas 10 veces puede darse que salga 1-9, 2 -8, 3-7, 4-6 o 5-5 veces de un lado y del otro, arrojando resultados porcentuales inciertos y azarosos.
- Si tiraras la moneda unas 100 veces los resultados se van a acercar cada vez más al 50% de un lado que del otro aunque no precisamente coincidan con esa posibilidad.

- Si tiraras la moneda unas 10.000 veces indiscutiblemente los resultados serian lo más cercano al 50% para CARA como para SECA.

Cuantas más veces se ponga a prueba el porcentaje de resultados de un sistema más se acercará a su resultado real, de esto se trata la ley de los grandes números y es algo que no entienden muchos Traders.

Muchos Traders tienen una estrategia que gana más de lo que pierde en cuanto a su porcentaje de aciertos y tienen una racha negativa de 10, 15 o 20 operaciones pérdidas y empiezan a dudar de la estrategia.

"Recordemos que nosotros podemos saber la efectividad de nuestra estrategia comprobándola un gran número de operaciones, pero jamás podremos saber el orden de esos resultados"

Tranquilamente una estrategia que tiene un 60% de probabilidad de aciertos puede tener unas 20 operaciones consecutivas ganadas o perdidas y esto no quiere decir que la estrategia sea la mejor o que no sirva y debamos cambiarla.

Un Trader que encontró y demostró que una estrategia es efectiva y gana más de lo que pierde en un gran número de operaciones jamás debe abandonarla cuando tiene una racha negativa, a lo sumo deberá ver cómo mejorar aquellas falencias e intentar corregirlas.

Un error común de los Traders es frustrarse en las rachas negativas y dejar una estrategia de efectividad comprobada a largo plazo, e intentar buscar una estrategia mágica que funcione aun en rachas negativas.

"La estrategia infalible o fórmula secreta del éxito en el Trading no existe"

"La fórmula para llegar a la rentabilidad en el Trading es detectar una estrategia que nos funcione, que gane más de lo que pierde y ofrezca beneficios mínimos del 87% o ofrezca menos beneficios pero tenga un altísimo porcentaje de aciertos, dicha estrategia debe ser comprobada un gran número de veces en cuenta demo o backtesting aplicando nuestro plan de Trading con excelente

gestión monetaria y realizando la estrategia una gran cantidad de veces para acercarse a nuestro porcentaje de aciertos según la ley de los grandes números".

"Con una sola estrategia de trading alcanza y sobra para alcanzar la rentabilidad, no hace falta ninguna más"

LA ESPERANZA MATEMATICA APLICADA A LAS ESTRATEGIAS DE TRADING

La esperanza matemática es un concepto estadístico que mide cuanto se gana cuando se gana en promedio o cuanto se pierde cuando se pierde en promedio, para calcular la esperanza matemática se deben utilizar un universo amplio de operaciones.

La esperanza matemática se mide de tres formas distintas:

POSITIVA: Si la esperanza matemática es positiva estamos ante un sistema ganador.

NEGATIVA: Si la esperanza matemática es negativa estamos ante un sistema perdedor

NEUTRA: Si la esperanza matemática es neutra estamos ante un sistema que no gana ni pierde.

Para alcanzar la rentabilidad en el Trading debemos ocuparnos de buscar, encontrar, comprobar un gran número de operaciones en demo o backtesting nuestra estrategia y plan de Trading, si esta estrategia tiene esperanza matemática positiva podemos tomar la decisión personal de usar en una cuenta real con dinero real.

¿CÓMO SE SACA LA FORMULA DE ESPERANZA MATEMÁTICA?

La formula de la esperanza matemática se saca con dos datos:

- Porcentaje de aciertos de nuestra estrategia o mejor dicho el porcentaje de veces que ganamos.
- Ratio beneficio riesgo o mejor dicho lo que se gana en promedio cuando se gana y lo que se pierde en promedio cuando se pierde.

La formula de la esperanza matemática se calcula de la siguiente forma:
EM = % de aciertos x Beneficio promedio - % fallos x Perdida promedio

Pongamos algunos ejemplos para entender mejor:
Calculemos la esperanza matemática por ejemplo con la ruleta de un casino jugando por número par o impar con los siguientes datos importantes para calcular la esperanza matemática:

- Tenemos un 50% de posibilidades de que salga par y un 50% de posibilidades de que salga impar ósea que el porcentaje de aciertos es 50%
- Cada vez que ganamos, ganamos un dólar y cada vez que perdemos, perdemos un dólar.

¿Cómo se calcularía la esperanza matemática según este ejemplo?

PORCENTAJE DE ACIERTOS   PORCENTAJE DE FALLOS

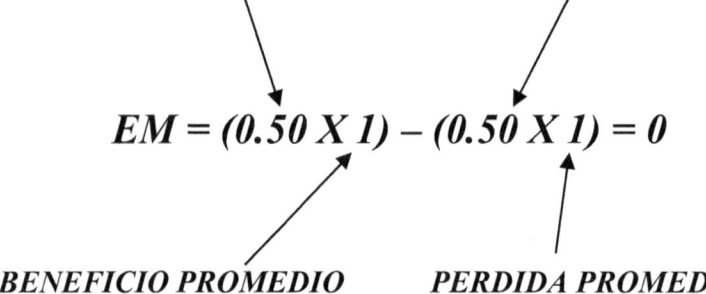

$$EM = (0.50 \ X \ 1) - (0.50 \ X \ 1) = 0$$

BENEFICIO PROMEDIO   PERDIDA PROMEDIO

Como podemos observar este sistema de especulación da 0 no gana ni pierde lo que quiere decir que estamos ante un una <u>esperanza matemática neutra</u>. No se gana ni se pierde, siempre y cuando se utilicen una gran cantidad de jugadas (ley de los grandes números).

Vamos con otro ejemplo:
Un Trader tiene una estrategia con un alto porcentaje de aciertos, gana el 90% de las veces y falla solo el 10 % de las veces.

¿Sera este un sistema ganador?

Muchos responderían que si sin siquiera pensarlo, pero para saber si esta estrategia es ganadora o no debemos hacer el cálculo de la esperanza matemática de dicho sistema con los siguientes datos:

- La estrategia tiene un 90% de aciertos y un 10% de fallos ósea que de cada 10 operaciones se ganan 9 y solo se pierde 1
- Cada vez que ganamos una operación ganamos 10 dólares y cada vez que perdemos una operación perdemos 100 dólares.

¿Cómo se calcularía la esperanza matemática según este ejemplo?

PORCENTAJE DE ACIERTOS   *PORCENTAJE DE FALLOS*

$$EM = (0.90 \ X \ 10) - (0.10 \ X \ 100) = 9 - 10 = -1$$

BENEFICIO PROMEDIO   *PERDIDA PROMEDIO*

Como podemos observar este sistema de especulación da -1 es un sistema perdedor ya que tiene una <u>esperanza matemática negativa.</u> Este sistema jamás debería operarse porque solo produce perdidas.

Existen numerosas publicidades con anuncios de estrategias con un altísimo porcentaje de aciertos de las cuales hay que tener muchísimo cuidado ya que como vimos en el ejemplo anterior no es tan importante el porcentaje de aciertos sino el cálculo de la esperanza matemática de la estrategia.

Vamos con otro ejemplo:
Un Trader tiene una estrategia con un bajo porcentaje de aciertos, gana solo el 20% de las veces y falla solo el 80 % de las veces.

¿Sera este un sistema perdedor?

Muchos responderían que si sin siquiera pensarlo, pero para saber si esta estrategia es ganadora o no debemos hacer el cálculo de la esperanza matemática de dicho sistema con los siguientes datos:

- La estrategia tiene un 20% de aciertos y un 80% de fallos ósea que de cada 10 operaciones se ganan solo 2 y se pierden 8
- Cada vez que ganamos una operación ganamos 10 dólares y cada vez que perdemos una operación perdemos 2 dólares.

¿Cómo se calcularía la esperanza matemática según este ejemplo?

PORCENTAJE DE ACIERTOS   PORCENTAJE DE FALLOS

$$EM = (0.20 \ X \ 10) - (0.80 \ X \ 2) = 2 - 1.60 = +0.40$$

BENEFICIO PROMEDIO   PERDIDA PROMEDIO

Como podemos observar este sistema de especulación da +0.40 es un sistema ganador ya que tiene una esperanza matemática positiva. Este sistema genera ganancias aunque tenga un porcentaje de aciertos bajo debido a su gran diferencia en el ratio beneficio riesgo.

A pesar de aparentar ser una estrategia perdedora, haciendo el cálculo de esperanza matemática descubrimos que es un sistema ganador en el largo plazo.

Vamos con otro ejemplo con números más comunes:

Un Trader tiene una estrategia con un medio porcentaje de aciertos, gana solo el 53% de las veces y falla el 47 % de las veces.

¿Sera este un sistema ganador o perdedor?

Hagamos el cálculo de la esperanza matemática de dicho sistema con los siguientes datos:

-   La estrategia tiene un 53% de aciertos y un 47% de fallos ósea que de cada 100 operaciones se ganan solo 53 y se pierden 47 en promedio.
-   Cada vez que ganamos una operación ganamos 8.70 dólares y cada vez que perdemos una operación perdemos 9 dólares.

¿Cómo se calcularía la esperanza matemática según este ejemplo?

PORCENTAJE DE ACIERTOS   PORCENTAJE DE FALLOS

$$EM = (0.53 \times 8.70) - (0.47 \times 9) = 4.61 - 4.23 = +0.38$$

BENEFICIO PROMEDIO   PERDIDA PROMEDIO

Como podemos observar este sistema de especulación da +0.38 es un sistema ganador ya que tiene una <u>esperanza matemática positiva.</u> Este sistema genera ganancias aunque tenga un porcentaje de aciertos medio.

Haciendo el cálculo de esperanza matemática descubrimos que es un sistema ganador en el largo plazo.

¿QUÉ HAY QUE TENER EN CUENTA AL DISEÑAR UNA ESTRATEGIA DE TRADING?

Hay que tener en cuenta el cálculo de la esperanza matemática y operar solo estrategias que den una esperanza matemática positiva.
Dentro del cálculo de esperanza matemática tenemos dos datos importantes:

- *El porcentaje de aciertos*
- *El ratio beneficio riesgo*

¿COMO MEJORAR LA ESPERANZA MATEMATICA CON OPCIONES BINARIAS?

Siguiendo la acción del precio y teniendo presente las distintas formas de ganar en el Trading:
Si tenemos presentes estas formas de ganar con las opciones binarias y una clara idea de cómo se produce la acción del precio tenemos muchas posibilidades de ganar con las opciones binarias.

Si detectamos una tendencia <u>bajista</u> o <u>alcista</u> podemos abrir una operación a favor de la tendencia al finalizar un retroceso y comenzar un nuevo impulso con estas posibilidades de trading:

- *Si la operación se pone muy a nuestro favor podemos esperar al vencimiento y ganar.*
- *Podemos vender anticipadamente y asegurar una ganancia*
- *Podemos crear un rango ganador abriendo una nueva operación, intentando ganar el doble arriesgando muchísimo menos capital.*

Por otro lado si la operación esta dudosa podemos:

- *Vender anticipadamente recortando perdidas cuando el precio de venta nos ofrece una pequeña ganancia o una mínima perdida.*

Si detectamos que el mercado está en <u>tendencia lateral</u> podemos:

- *Abrir operaciones <u>sube</u> cuando el precio toca el soporte y abrir operaciones <u>baja</u> cuando el precio toca la resistencia*

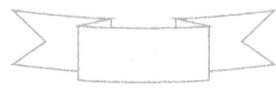

- *Esperar al vencimiento si la operación se pone muy a nuestro favor*
- *Vender anticipadamente para asegurar ganancias*
- *Crear un rango ganador abriendo operaciones <u>sube y baja</u>, el rango ganador nos permite tener posibilidades de ganar mucho arriesgando poco, siempre y cuando la diferencia entre posiciones sube y baja arroje menos del 1% posible de perdidas.*
- *Esperar al vencimiento del rango con la posibilidad de ganar mucho arriesgando muy poco*
- *Vender anticipadamente asegurando ganancias cuando el precio se mueve dentro del rango, nunca para recortar perdidas.*

TODAS ESTAS ESTRATEGIAS LAS TOCO A FONDO EN EL MÓDULO 1 DISPONIBLE EN AMAZON:

CAPÍTULO 6

ESTRATEGIAS DE GESTIÓN

DEL CAPITAL EN LA SESIÓN

Este capítulo está dedicado a la gestión del capital en la sesión de Trading, guarda profunda relación con las reglas de gestión monetaria de nuestro propio plan de Trading.

¿Por qué gestionar el capital en la sesión de trading?

Un Trader cuando entra al mercado se convierte en un gestor de su propio capital, puede tener su estrategia de Trading elaborada con puntos de entrada y salida pero sobre todo debe aplicar a esa estrategia una estricta gestión del capital en la sesión de Trading con disciplina porque más allá de los resultados de la estrategia operativa lo que salva a una cuenta de grandes pérdidas es el propio cuidado del capital en cada operación y en cada sesión, si logramos conservar el capital de la cuenta usando una buena estrategia con esperanza matemática positiva podremos ganar con nuestra estrategia en el largo plazo realizando muchas operaciones con poco capital. (1% a 2% de la cuenta de trading).

ESTRATEGIAS DE GESTIÓN MONETARIA EN LA SESIÓN

Para aplicar gestión monetaria en la sesión debemos recordar los distintos planes de gestión de riesgos:

PLAN RIESGO BAJO: Usar el 1% o 2% por operación
PLAN RIESGO MEDIO: Usar de 2% al 5% por operación (NR)
PLAN RIESGO ALTO: Usar del 5% al 20% por operación (NR)
PLAN TEMERARIO: Usar más del 20% por operación (NR)

NR: NO RECOMENDADOS BAJO NINGÚN CONCEPTO POR EL ALTO RIESGO DE VACIAR LA CUENTA AL USARLOS

Sabiendo el porcentaje pautado por operación del plan de riesgo que utilicemos tenemos distintas formas de gestionar el capital en la sesión de Trading, siendo algunas recomendadas y otras no:

MI: MARTINGALA ILIMITADO (PLAN TEMERARIO)

Este tipo de gestión es nefasta y causante de las numerosas pérdidas de un gran número de Traders en el mejor de los casos y vacio y pérdida total del capital en el peor de los casos.

La expongo en esta sección a pesar de que no sirve para alcanzar la rentabilidad ya que muchos Traders recurren a ella con la falsa esperanza de ganar siempre, asumiendo riesgos altísimos y perdiendo todo su dinero más temprano que tarde.

¿En qué consiste la estrategia martingala ilimitada?

La martingala consiste básicamente en doblar el monto de las operaciones cada vez que se pierde con un coeficiente que nos permita recuperar el capital perdido en la operación anterior y conseguir una pequeña ganancia en caso de ganar.

¿Cuáles son los problemas de la martingala ilimitada?

- Para ganar utilizando como gestión la martingala ilimitada se necesita un capital ilimitado porque en una racha de pérdidas se necesitaría un capital muy grande para recuperar todo lo que se perdió anteriormente.
- Se utiliza mucho dinero para recuperar una pequeña perdida
- La martingala ilimitada va en contra de la naturaleza del Trading donde se gana y se pierde teniendo que aceptar las perdidas como las ganancias. Un Trader puede usar la martingala con éxito varias operaciones consiguiendo buenas ganancias pero así como tiene rachas positivas de operaciones ganadoras de golpe tiene una racha de 5 o 6 operaciones perdidas en forma consecutiva llegando a vaciar inevitablemente la cuenta de trading sin posibilidad alguna de recuperación.

Ejemplo de gestión de martingala ilimitada

Supongamos que un Trader tiene una cuenta de 100 dólares y utiliza la gestión martingala ilimitada iniciando su primera operación con 1 dólar

CUADRO DE GESTIÓN MARTINGALA ILIMITADA

OPERACIÓN	RESULTADO	PÉRDIDA ACUMULADA
1	Utiliza 1 dólar y pierde la operación	1 dólar
2	En esta segunda operación dobla x 2.2 lo perdido antes, usa 2.20 dólares y vuelve a perder	3.20 dólares
3	En esta tercera operación dobla x 2.2 lo perdido antes, usa 4.84 dólares y vuelve a perder	8.04 dólares
4	En esta cuarta operación dobla x 2.2 lo perdido antes, usa 10.65 dólares y vuelve a perder	18.69 dólares
5	En esta quinta operación dobla x 2.2 lo perdido antes, usa 23.43 dólares y vuelve a perder	42.12 dólares
6	En esta sexta operación dobla x 2.2 lo perdido antes, usa 51.54 dólares y vuelve a perder	93.66 dólares
7	Tras 93.66 dólares de pérdidas acumuladas ya no le queda capital para doblar sufriendo una gran pérdida del 93,66%. Perdido por perdido usa los 6.44 restantes y los vuelve a perder vacando definitivamente la cuenta.	100 dólares

Como podemos ver en solo 6 operaciones se puede perder todo el capital y tener más capital no es la solución ya que aun el mejor Trader puede tener en algún momento una racha de 15 o 20 operaciones perdidas en forma consecutiva ya que podemos conocer nuestro porcentaje de aciertos pero no el orden de los mismos.

La martingala no siempre es una mala gestión si sabemos cómo usarla.

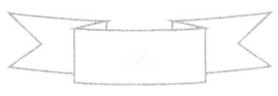

ML 2: MARTINGALA LIMITADO 2% (RIESGO BAJO)

Aquellos que tienen una buena estrategia con un alto porcentaje de efectividad pueden usar una gestión monetaria de martingala limitada en su sesión de trading, al contrario del martingala ilimitado la martingala limitada al 2% del capital implica que se hagan como máximo 3 operaciones perdedoras consecutivas como límite, lo que implicaría no perder más del 2% por operación, limite sugerido para un plan de gestión de riesgo bajo.

COMO USAR LA MARTINGALA LIMITADA AL 2%

Para poder usar la gestión de capital de martingala limitada al 2% es necesario contar con un capital mínimo de 350 dólares
El máximo que se puede llegar a perder en una cadena de operaciones son 7 dólares acumulados en la tercer operación perdida en forma consecutiva
En la primer operación se va a utilizar un 0.28% del capital equivalentes a un dólar, en caso de pérdida se va a doblar el capital para la próxima operación.
En la segunda operación se va a usar un 0.57% del capital equivalentes a 2 dólares, en caso de pérdida se va a doblar ese capital para la próxima operación.
En la tercer operación se van a usar 1.14% del capital equivalentes a 4 dólares, en caso de pérdida no se duplica el capital.   *O se vuelve a usar el 0.28%, o si se llegó al stop loss de la sesión no se opera más hasta la próxima sesión de Trading.*
La suma de las tres operaciones perdidas acumula un límite máximo de - 2% de pérdidas del capital.
Este tipo de gestión de capital se recomienda si tenemos una estrategia con un alto porcentaje de aciertos teniendo en cuenta que nunca sabremos el orden de los mismos.   *Si bien se arriesga poco en cada operación se recomienda un muy alto porcentaje de aciertos ya que es muy sencillo conseguir tres perdidas consecutivas en operaciones*
Si en la sesión obtenemos unas 9 o 10 operaciones ganadas (con beneficios de al menos 87%) sin que se llegue a nuestro limite de martingala limitado habremos obtenido un beneficio del +2% de la cuenta arriesgando poco dinero en cada operación

ML 3.5: MARTINGALA LIMITADO 3.5% (RIESGO MEDIO)

Aquellos que tienen una buena estrategia con un altísimo porcentaje de efectividad pueden usar una gestión monetaria de martingala limitada al 3.5% en su sesión de trading, al contrario del martingala limitada al 2% la martingala limitada al 3.5% del capital implica mayores beneficios con el doble de riesgo ya que de tener unas cuantas operaciones perdidas (alcanzando el límite de 3.5%) se sufrirían pérdidas importantes en la cuenta.

COMO USAR LA MARTINGALA LIMITADA AL 3.5%

Para poder usar la gestión de capital de martingala limitada al 3.5% es necesario contar con un capital mínimo de 200 dólares
El máximo que se puede llegar a perder en una cadena de operaciones son 7 dólares acumulados en la tercer operación perdida en forma consecutiva
En la primer operación se va a utilizar un 0.50% del capital equivalentes a un dólar, en caso de pérdida se va a doblar el capital para la próxima operación.
En la segunda operación se va a usar un 1% del capital equivalentes a 2 dólares, en caso de pérdida se va a doblar ese capital para la próxima operación.
En la tercer operación se van a usar 2% del capital equivalentes a 4 dólares, en caso de pérdida no se duplica el capital.   *O se vuelve a usar el 0.50%, o si se llegó al stop loss de la sesión no se opera más hasta la próxima sesión de Trading.*
La suma de las tres operaciones perdidas acumulan un límite máximo de -3.5% de pérdidas del capital.
Este tipo de gestión de capital se recomienda si tenemos una estrategia con un altísimo porcentaje de aciertos teniendo en cuenta que nunca sabremos el orden de los mismos.   *Si bien se arriesga poco en cada operación se recomienda un altísimo porcentaje de aciertos ya que es muy sencillo conseguir tres perdidas consecutivas en operaciones*
Si en la sesión obtenemos unas 9 o 10 operaciones ganadas (con beneficios de al menos 87%) sin que se llegue a nuestro limite de martingala limitado habremos obtenido un beneficio del +4% o 5% de la cuenta con un riesgo medio en cada operación

ML 7: MARTINGALA LIMITADO 7% (RIESGO ALTO)

Este tipo de gestión también requiere un altísimo porcentaje de aciertos ya que implica un altísimo riesgo pues se arriesga hasta un 7% tras tres operaciones pérdidas en forma consecutiva.

COMO USAR LA MARTINGALA LIMITADA AL 7%

Para poder usar la gestión de capital de martingala limitada al 7% es necesario contar con un capital mínimo de 100 dólares
El máximo que se puede llegar a perder en una cadena de operaciones son 7 dólares acumulados en la tercer operación perdida en forma consecutiva
En la primer operación se va a utilizar un 1% del capital equivalentes a un dólar, en caso de pérdida se va a doblar el capital para la próxima operación.
En la segunda operación se va a usar un 2% del capital equivalentes a 2 dólares, en caso de pérdida se va a doblar ese capital para la próxima operación.
En la tercer operación se van a usar 4% del capital equivalentes a 4 dólares, en caso de pérdida no se duplica el capital. *O se vuelve a usar el 1%, o si se llegó al stop loss de la sesión no se opera más hasta la próxima sesión de Trading.*
La suma de las tres operaciones perdidas acumula un límite máximo de -7% de pérdidas del capital.
Este tipo de gestión de capital se recomienda si tenemos una estrategia con un altísimo porcentaje de aciertos teniendo en cuenta que nunca sabremos el orden de los mismos. *Se arriesga poco en la primera y segunda operación pero la tercera tiene un porcentaje del 4% por lo que se recomienda un altísimo porcentaje de aciertos ya que de alcanzar tres perdidas consecutivas se pierde un 7% de la cuenta.*
Si en la sesión obtenemos unas 9 o 10 operaciones ganadas (con beneficios de al menos 87%) sin que se llegue a nuestro límite de martingala limitado habremos obtenido un beneficio del +8% o 9% de la cuenta con un riesgo alto en cada operación o secuencia de tres perdidas consecutivas.
Una posible variante es usar 200 dólares de capital inicial y 4 operaciones limite consecutivas como pérdida de 0.5%, 1%, 2% y 4%. *Con unas 10 operaciones ganadas se puede ganar un 4% o 4.5%*

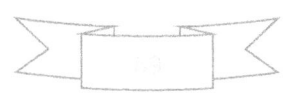

MG: MARTINGALA DE GANANCIAS (RIESGO BAJO)

Este tipo de gestión es optima ya que se utilizan las ganancias generadas en la sesión de Trading para operar intentando generar ganancias exponenciales consiguiendo 3 o 4 operaciones ganadas en forma consecutiva, arriesgando solo el 1% por operación o como variante el 1% la primera vez, usando luego solamente las ganancias.

COMO USAR LA MARTINGALA GANANCIAS

Para poder usar la gestión de capital de martingala de ganancias no hay un tope mínimo de capital.
El máximo que se puede llegar a ganar en una cadena consecutiva de 3 operaciones ganadas es el 4% y si se logra una de cadena consecutiva de 4 operaciones ganadas es el 8%.   *La perdida máxima es un 1% por operación perdida.*
En la primer operación se va a utilizar un 1% del capital inicial, en caso de ganar se va a duplicar el capital en la próxima operación utilizando el 1% x 2   *En caso de pérdida se vuelve a usar el 1% la próxima operación.*
En la segunda operación se va a usar el 1% x 2 en total un 2% del capital inicial, en caso de ganar se va a duplicar el capital en la próxima operación utilizando el 2% x 2   *En caso de pérdida se vuelve a usar el 1% la próxima operación.*
En la tercer operación se va a usar el 2% x 2 en total un 4% del capital inicial, en caso de ganar se va a duplicar el capital en la próxima operación utilizando el 4% x 2   *En caso de pérdida se vuelve a usar el 1% la próxima operación.*
En la cuarta operación se va a usar el 4% x 2 en total un 8% del capital inicial, en caso de ganar se van a asegurar las ganancias de ese 8% y se va a continuar operando hasta alcanzar el stop loss.   *En caso de ganancia o de perdida se vuelve a usar el 1% la próxima operación.*
Para usar este tipo de gestión necesitamos una estrategia con mucha efectividad porque necesitamos 3 o 4 operaciones ganadas consecutivamente para generar ganancias arriesgando en cada perdida solo el 1% de la cuenta porque usamos mayoritariamente ganancias en nuestra cadena de operaciones.
Variante: Podemos operar solamente con ganancias arriesgando solo el 1% de la primera operación de nuestra cadena consecutiva.

+ -1: MÁS MENOS 1 OPERACION DE DIFERENCIA (RIESGO BAJO, MEDIO O ALTO)

Este tipo de gestión consiste en usar obligadamente un porcentaje fijo del capital correspondiente en cada operación pautado en nuestro plan de riesgo.

RIESGO BAJO: 1 O 2% (Determinar si usamos 1% o 2% por cada operación)
RIESGO MEDIO: 2 AL 5% (Determinar si usamos 3%, 4% o 5% por cada operación)
RIESGO ALTO: 5% al 20% (Determinar qué porcentaje usaremos por cada operación)

COMO USAR LA GESTIÓN MÁS MENOS 1

Pautar el porcentaje del capital que vamos a usar en cada operación, el resultado de nuestro trading se va a limitar a la diferencia entre operaciones ganadoras menos las perdedoras.
Este tipo de gestión es ideal para usar con un riesgo bajo ya que cuida la cuenta en rachas negativas, para vaciar una cuenta de 200 dólares se necesita una diferencia de 166 operaciones perdidas sobre ganadas usando el 1% por operación y 83 operaciones perdidas sobre ganadas usando el 2% por operación.
Si se utiliza con un plan de riesgo medio se puede llegar a vaciar la cuenta con una diferencia de 20 a 50 operaciones perdidas sobre ganadas dependiendo del % que se utilice en la operaciones.
Si se utiliza con un plan de riesgo alto se puede a llegar a vaciar la cuenta con una diferencia de entre 5 a 20 operaciones perdidas sobre ganadas.
La gestión más menos 1 con un plan de riego bajo es quizá la mejor gestión ya que se limita a cuidar el capital usando montos muy pequeños y tiene la ventaja de buscar la rentabilidad a largo plazo realizando muchas operaciones con poco capital cada una y obteniendo una suma de mayor operaciones ganadas sobre las operaciones perdidas, aceptando la esencia del Trading: "Se puede ganar y se puede perder, pero lo que termina logrando la rentabilidad es usar una estrategia efectiva (Esperanza matemática) gestionando disciplinadamente el capital de la cuenta en un gran universo de operaciones".(Ley de los grandes números)

RGP: RANGO GANADOR PAR 2 AL 10% (RIESGO BAJO)

Esta gestión consiste en usar posiciones contrarias sube y baja intentando crear un rango ganador con intención de atrapar el precio y ganar todas las posiciones arriesgando como máximo menos del 1% si al expirar la operación el precio queda fuera del rango.

EJEMPLO:

LOS RANGOS PARES SON IDEALES PARA MERCADOS LATERALES

Como vemos en la imagen aquí se forma un rango ganador con una posición sube de 2.36 dólares y luego cuando el precio del activo se mueve a favor de nuestra primera posición se abre una posición baja con el mismo valor 2.36 dólares.

En caso que el precio termine dentro del rango se ganan las dos operaciones, como vemos aquí en la foto aquí se está por ganar 4.67 dólares invirtiendo 4.72 (Beneficios del 99% estaba entregando el mercado en ese momento)

Si el precio quedara fuera del rango ganador la perdida sería tan solo del 0.01% o mejor dicho 0.05 centavos de dólar.

Una de las ventajas de los rangos ganadores es que se puede incrementar el posible beneficio disminuyendo considerablemente el riesgo, ya que en la operación se puede usar más del 1% arriesgando mucho menos que el 1% en caso de perder la operación (Tal cual plantea el plan de riesgo bajo pero con posibles beneficios mucho mayores).

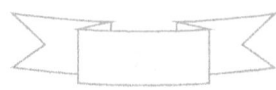

COMO USAR LA GESTIÓN RANGO GANADOR PAR 2% AL 10%

El rango ganador par es una estrategia poderosa ya que aun teniendo un bajo porcentaje de aciertos es rentable debido a que cuando se gana con una operación se gana mucho más de lo que se pierde cuando se pierde.

Calculemos el ejemplo de la foto con 100 operaciones y solo un 10% de efectividad:

10 operaciones x 4.67 de ganancias nos da: 46.70 de ganancia total

90 operaciones x 0.05 de perdidas nos da: 4.50 de pérdida total

46.70 – 4.50 nos da un beneficio de 42.20 dólares cada 100 operac

La clave del rango ganador es que tiene una perspectiva de hacer crecer la cuenta cuidando la cuenta estrictamente.

Una desventaja del rango ganador es que no siempre tendremos la posibilidad de formarlos, menos aun en operaciones de corta duración, sin embargo en operaciones a 5 minutos casi siempre la primera operación se nos pone ganadora dándonos la chance de abrir la segunda operación para formar el rango ganador.

Otra ventaja es que si usamos operaciones a 5 minutos de vencimiento podemos ir abriendo posiciones del 1% a medida que se mueve el precio incrementando los posibles beneficios.

Por ejemplo: 2 operaciones sube + 2 operaciones baja = 4% total

3 operaciones sube + 3 operaciones baja = 6% total

4 operaciones sube + 4 operaciones baja = 8% total

5 operaciones sube + 5 operaciones baja = 10% total

Lo importante al crear los rangos es jamás abrir operaciones asumiendo un riesgo mayor al 1%, para esto es necesario abrir operaciones alternadamente: Una sube, una baja, una sube, una baja

Una alternativa para proteger el capital aun de las pequeñas pérdidas es calcular las posiciones para que al vencimiento en caso de quedar fuera del rango no se tengan pérdidas de un lado de la operación y perdidas pequeñas del otro lado del rango.

Por ejemplo: Abrimos una posición sube con dos dólares con un activo que da el 90% de beneficios, la operación se pone muy a nuestro favor con la posición sube teniendo posibilidad de ganar 1.80 dólares entonces abrimos una posición baja con 1.80 dólares con la posibilidad de ganar ambas operaciones, no ganar ni perder si queda arriba de la posición baja y perder solo 0.38 si queda fuera del rango debajo de la posición sube, solo una pérdida del 0.19%.

RG1: RANGO GANADOR IMPAR 3 AL 11% (RIESGO BAJO)

Al igual que el Rango ganador par esta gestión consiste en usar posiciones contrarias sube y baja pero conformado por cantidad de posiciones impares arriesgando hasta el 1% en diferencia de posiciones.

Por ejemplo: El mercado está en una clara tendencia alcista por lo cual se abren dos posiciones del 1% al alza y cuando ambas se ponen muy a nuestro favor abrimos una posición baja del 1% pudiendo darse los siguientes resultados:

- El mercado sigue en tendencia alcista y perdemos una operación pero ganamos dos, la diferencia nos da un -1% de la cuenta.
- El precio queda dentro del rango y ganamos las tres posiciones de 1%
- El precio tiene un cambio de tendencia y ganamos 1 operación y perdemos 2, la diferencia nos da un -1% de la cuenta.

COMO USAR GESTIÓN RANGO GANADOR IMPAR 3% AL 11%

El rango impar es ideal para mercados donde hay una tendencia definida ya que la idea es colocar mas posiciones a favor de la tendencia y una vez que vamos ganando abrir una posición en contra de la tendencia, siempre una menos que las que tenemos a favor de la tendencia.
Como el precio aun estando en una clara tendencia tiene avances y retrocesos podemos ir abriendo mas posiciones sube y baja alternadamente según los siguientes parámetros: • *2 posiciones sube y 1 baja = Total 3%* • *3 posiciones sube y 2 baja= Total 5%* • *4 posiciones sube y 3 baja= Total 7%* • *5 posiciones sube y 4 baja = Total 9%* • *6 posiciones sube y 5 baja= Total 11%*
Los posibles resultados de esta operativa son: - *Tener una pequeña ganancia si el precio queda por arriba de la tendencia* - *Ganar entre el 3% y el 11% si el precio queda dentro del rango* - *Perder aproximadamente el 1% si hay un cambio de tendencia y el precio queda fuera del rango*
El riesgo del rango impar es abrir la primer operación con dos posiciones del 1% y el precio cambie contra de nuestras posiciones

T 1% + 1%: TENDENCIA HASTA 1% + 1% (RIESGO BAJO)

Este tipo de gestión sirve para mercados en tendencia y consiste en abrir una operación del 1% a favor de la tendencia, si el precio de nuestra operación se pone muy a nuestro favor podemos abrir una nueva posición del 1% o con las ganancias que se obtendrían por la primer operación siempre a favor de la tendencia. De este modo estaríamos especulando con los resultados de la primera operación para abrir la segunda con la posibilidad de ganar ambas.

COMO USAR LA GESTIÓN TENDENCIA 1% + 1%

Este tipo de gestión se utiliza en mercados con clara tendencia y es especulativa, ya que abriendo la primer operación se espera que se ponga muy ganadora para poder abrir una segunda operación igual en valor y a favor de la tendencia.
Un punto importante a considerar es que la segunda operación debe abrirse con el mínimo tiempo restante de vencimiento cercano a los 30 segundos ya que si le damos mucho tiempo puede haber un claro cambio de tendencia perdiendo ambas operaciones.
Una alternativa para evitar tener una pequeña perdida en caso de que se gane una operación y se pierda otra es: • *Abrir la primer operación con el 1% de la cuenta, por ejemplo 2 dólares (beneficio del 90%)* • *Se pone muy a nuestro favor y faltando poco tiempo para el vencimiento abrimos la segunda posición con las ganancias posibles de la primera posición 1.80 dólares.*
Los resultados de esta gestión podrían ser los siguientes: • *Ganar ambas operaciones si el precio siguió a favor de la tendencia* • *No Ganar la primer operación y perder la segunda si el precio quedo entre medio de ambas, sin perder nada.* • *Perder el 2% si de repente hubo un cambio de tendencia muy volátil*
Este tipo de gestión sirve para aumentar el ratio beneficio riesgo no por su porcentaje de aciertos sino porque cuando se gana se gana mucho y cuando se pierde se pierde nada o en algunas ocasiones hasta el 2% ya que la segunda posición se abre cuando está muy favorable la primera.
No conviene usarlo en mercados con cambios de tendencia volátiles

VADO: VENTA ANTICIPADA DE OPERACIONES (RIESGO BAJO)

Dependiendo del Bróker y el instrumento financiero que utilizamos se podrá vender anticipadamente al vencimiento una operación.

La venta anticipada es una excelente gestión en la sesión porque permite asegurar las ganancias cuando una operación se pone muy a nuestro favor y por otro lado permite cuidar el capital cuando vemos que una operación se pone dudosa y no tenemos indicios si se ganara o perderá operación.

COMO USAR LA VENTA ANTICIPADA DE OPERACIONES

La venta anticipada o también llamada scalping es una excelente gestión porque permite hacer algo que generalmente no se puede hacer en el trading: Asegurar los resultados de las operaciones para ganar más y perder menos
La venta anticipada puede tener tres posibles resultados: • *En caso que este muy a favor la operación ofreciendo ganancias menores al beneficio al vencimiento pero ganancia asegurada* • *En caso de que este dudosa la operación se puede vender a un precio cercano al de compra, pudiendo no ganar ni perder o tener una pequeña ganancia o perdida* • *En caso que la operación se ponga muy en contra se puede vender recuperando una pequeña parte de lo que se perdería al vencimiento. (no siempre es conveniente esta opción)*
Este tipo de gestión es realmente optima porque permite mejorar cualquier estrategia de trading básicamente porque hace incrementar los aspectos importantes de la esperanza matemática positiva: • *Permite incrementar el porcentaje de aciertos* • *Permite aumentar positivamente el ratio beneficio riesgo*
Para usar como estrategia la venta anticipada debemos ver qué instrumentos ofrecen mejores beneficios y tener en cuenta que cerrar con una pequeña perdida cuando una operación esta dudosa sirve para proteger el capital y usarlo en otra operación para asegurar ganancias mayores en otras operaciones favorables.

CAPÍTULO 7

REGLAS DE LA SESIÓN Y PLAN DE TRADING

¿Por qué establecer reglas en un plan de trading?

Un plan de trading tiene muchos aspectos a considerar para lograr la rentabilidad y la mejor forma de cumplir con dichos aspectos es tener una estricta disciplina que se puede pautar logrando reglas útiles que pueden favorecer el cumplimiento de los mismos.

¿Qué aspectos debe considerar un plan de Trading rentable?

Fundamentos y metas del plan, stop de perdidas y de ganancias, gestión psicológica, gestión monetaria y de riesgo, estrategias operativas, estrategias de gestión del capital en la sesión, plan de retiro de beneficios, reglas de la sesión y plan de trading, registro de nuestro estilo y operaciones en un diario de trading.

¿Por qué comenzar con las reglas de la sesión de trading?

Porque es más sencillo crear las reglas adecuadas desde la sesión desde nuestra propia estrategia de trading rentable (comprobada en demo o backtesting), porque ya desde ahí mismo podemos corroborar aquellas falencias necesarias a corregir mediante el establecimiento de reglas que nos ayuden a mejorar nuestro trading para el pre diseño de nuestro plan de trading que necesitamos comprobar para decidir usar con dinero real o no. Seguir nuestras propias operaciones en un diario de trading nos puede ayudar notablemente a crear reglas de la sesión de Trading hacia la rentabilidad ya que se puede tener una excelente estrategia de trading pero fallar en un solo punto que nos puede hacer perder todos los beneficios acumulados y más aun, llegar a vaciar la cuenta. Por ejemplo: Tú puedes tener una estrategia excelente pero solo fallar en la gestión monetaria y usar el 100% de tu cuenta en una operación y perder absolutamente todo.

GUIA DE PUNTOS CLAVE PARA ELABORAR REGLAS DE LA SESIÓN DE TRADING

NÚMERO	PUNTO CLAVE DE LA SESIÓN
1	NÚMERO DE SESIONES DIARIAS
2	TIEMPO Y DISTRIBUCIÓN DIARIA PARA OPERAR
3	CANTIDAD DE OPERACIONES POR SESIÓN
4	HORARIOS DE LAS SESIONES
5	METAS DE LA SESIÓN
6	STOP DE PERDIDAS DE LA SESIÓN
7	STOP DE GANANCIAS DE LA SESIÓN
8	INSTRUMENTO FINANCIERO ESPECIFICO
9	BENEFICIO PORCENTUAL DEL INSTRUMENTO
10	ESTRATEGIA OPERATIVA
11	DETALLES DE LA ESTRATEGIA
12	ESTRATEGIAS PARA GANAR MAS DE LO QUE SE PIERDE Y MEJORAR LA ESPERANZA MATEMATICA Y EL RATIO BENEFICIO RIESGO
13	ESTRATEGIA DE GESTION DEL CAPITAL EN LA SESIÓN
14	EFECTIVIDAD DE LA ESTRATEGIA
15	RESULTADOS PORCENTUALES
16	REGISTRO DE OPERACIONES
17	DISCIPLINA
18	GESTIÓN PSICOLÓGICA

Es importante destacar que para crear reglas de la sesión se debe contar con un amplio registro de operaciones y sesiones a fin de determinar si la regla pautada será útil o no en nuestro plan de trading, recordemos que la ley de los grandes números es la que nos pauta que cuanto mayor es el número de operaciones más reales son los resultados obtenidos.

Para tener un seguimiento de nuestras reglas de sesión es conveniente llevar un estricto registro de todas nuestras operaciones en un Diario de trading a fin de detectar posibles fallos y modificaciones que servirían para mejorar nuestro Trading.

El diario de Trading es fundamental ya que es la prueba escrita de los aciertos, fallos y los resultados de nuestras operaciones, usándolo inteligentemente podemos mejorar muchos nuestras operaciones.

1) NÚMERO DE SESIONES DIARIAS

Si nosotros determinamos que vamos a operar una hora por día debemos ver cómo vamos a distribuir ese tiempo (en cuantas sesiones) según los mejores resultados de nuestras operaciones que registremos en nuestro diario de trading.

Por ejemplo: Podemos comprobar si obtenemos mejores resultados en una sola sesión de trading de una hora, en dos sesiones de trading de 30 minutos con descanso entre ellas o en tres sesiones de Trading de 20 minutos con descanso entre las mismas. La opción que nos brinde mejor resultados será la elegida para utilizar en nuestras sesiones como regla de número de sesiones diarias.

2) TIEMPO Y DISTRIBUCIÓN DIARIA PARA OPERAR

Relacionada con la anterior debemos determinar qué cantidad de tiempo diaria es la adecuada para operar sin salirnos de nuestro plan de trading sin romper las reglas y cuál es la mejor distribución de ese tiempo a lo largo del día para obtener beneficios.

Por ejemplo: Si detectamos en varios días de testeo que luego con luego de 60 minutos totales de Trading diarios nos cuesta respetar las reglas debemos pautar como regla no usar más de ese tiempo, por otro lado podemos verificar estadísticamente si dividimos esos 60 minutos en tres sesiones de 20 minutos en distintos horarios del día podemos ver estadísticamente en que horarios tenemos los mejores resultados porcentuales y establecer esos horarios como regla.

3) CANTIDAD DE OPERACIONES POR SESIÓN

Otra forma de determinar cuánto podemos operar diariamente es midiendo los resultados por cantidad de operaciones en lugar del tiempo o por resultados.

Por ejemplo: Realizamos 60 operaciones diarias durante un gran número de días, registrando los resultados que vamos obteniendo cada 5 operaciones y determinamos cual es la cantidad de operaciones que nos reportan mejores resultados porcentuales, si estadísticamente tuviéramos los siguientes resultados promedio:

0-5/26-30/46-50 Operaciones: +3%
6-10/11-15/35-40 Operaciones: +2%
41-45/56-60 Operaciones: +2.5%

16-20 Operaciones: +5%
21-25/51-55 Operaciones: +4%

Como podemos observar entre 16 y 20 operaciones diarias tiene un beneficio promedio de +5% por lo cual sería conveniente establecer como regla operar entre 16 y 20 operaciones diarias.

4) HORARIOS DE LAS SESIONES
Registrar los horarios de cada sesión de trading sirve para detectar en que horarios de las sesiones tenemos los mejores resultados y establecer entonces estos horarios como regla para operar.

5) METAS DE LA SESIÓN
Una vez que establecimos nuestras metas de trading diarias razonables podemos determinar estadísticamente de qué forma nos resulta más sencillo llegar a nuestra meta diaria.

Por ejemplo si nuestra meta diaria razonable es 5% de la cuenta:
- *Detectamos que alcanzamos ese 5% el 60% de los días operando 60 minutos continuos diarios*
- *Detectamos que alcanzamos esa meta de 5% diario el 80% de los días, operando en dos sesiones de 30 minutos con descanso entre ambas y obteniendo 2.5% promedio por sesión.*

En este caso seleccionamos como regla la segunda opción.

Otro ejemplo: Si nuestra meta diaria razonable es del 5% de la cuenta
- *Detectamos que el 65% de los días alcanzamos ese +5% diario y el otro 35% un +2%*
- *Detectamos que el 90% de los días alcanzamos un +4% diario y el otro 10% obtenemos un +2.5%*

En este caso seleccionamos como regla la segunda opción ya que si bien se reduce el porcentaje de ganancia diaria hay un mayor porcentaje de días con mayores ganancias representando al final del mes un mayor beneficio.

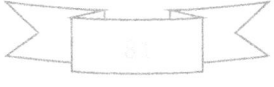

6) STOP DE PÉRDIDAS DE LA SESIÓN

Mediante nuestro diario de trading podemos detectar cual es nuestro mejor stop de pérdidas para aplicar o el mejor momento para dejar de operar con menos perdidas.

Por ejemplo podemos registrar nuestras operaciones en las sesiones y ver con tipo de stop perdemos menos en los momentos que perdemos:

- *¿Perdemos menos cuando operamos por tiempo diario?*
- *¿Perdemos menos cuando operamos por cantidad de operaciones diarias?*
- *¿Perdemos menos cuando operamos con un stop de perdidas porcentual?*

7) STOP DE GANANCIAS

Mediante nuestro diario de trading podemos detectar cual es nuestro mejor stop de ganancias para aplicar o el mejor momento para dejar de operar con mayores ganancias.

Por ejemplo podemos registrar nuestras operaciones en las sesiones y ver con tipo de stop ganamos más en los momentos que ganamos:

- *¿Ganamos más cuando operamos por tiempo diario?*
- *¿Ganamos más cuando operamos por cantidad de operaciones diarias?*
- *¿Ganamos más cuando operamos con un stop de ganancias porcentual?*

8) INSTRUMENTO FINANCIERO ESPECÍFICO

Por nuestro diario de trading podemos ver qué tipo instrumento financiero nos resultan más sencillos y nos dan mejores resultados porcentuales y decidir cuál de ellos vamos a utilizar en la sesión de Trading.

Podemos elegir entre opciones binarias, opciones digitales, Forex, CDF, etc.

Otro punto importante es determinar según el horario que tipo de activo específico es el que nos da mayores beneficios y porcentaje de aciertos.

Por ejemplo si usamos opciones binarias y los pares EUR-NZD USD-JPY nos dan mejores beneficios y mayor porcentaje de aciertos por la mañana podemos determinar como regla usar dichos pares por la mañana.

9) BENEFICIO PORCENTUAL DEL INSTRUMENTO

Debemos determinar con que beneficios porcentuales mínimos vamos a operar teniendo en cuenta que cuanto más se acerquen a la relación 1-1 es mejor (Por ejemplo por cada operación ganada se ganan diez dólares y por cada operación perdida se pierden 10 dólares). Es importante destacar que el mínimo recomendado de beneficios es del 87% usando una estrategia con al menos 54% de efectividad ya que si se usan menos beneficios se necesitaría una estrategia con una efectividad altísima para ganar, cosa que no todos los Traders logran.

10) ESTRATEGIA OPERATIVA

Nuestra estrategia operativa debe contemplar ciertas reglas clave que debemos tener presentes en todo momento:

¿Cuándo usar nuestra estrategia?

¿Cuándo no usar nuestra estrategia?

¿Cómo operar en mercados con tendencia alcistas o bajistas?

¿Cuál es el mejor tipo de grafico y temporalidad para operar?

¿Cuáles son los mejores indicadores para operar?

¿Cuáles son los mejores tiempos de expiración en nuestras operaciones de opciones binarias?

¿Cómo operar usando soportes y resistencias en mercados en tendencia

¿Cómo operar usando soportes o resistencias en mercados laterales?

¿Cómo operar ante el rompimiento de un soporte?

¿Cómo operar ante el rompimiento de una resistencia?

¿Cuándo entrar a una operación, que indicadores deberíamos seguir como puntos de entrada?

¿Cuándo salir de una operación, que indicadores deberíamos seguir como puntos de salida?

11) DETALLES DE LA ESTRATEGIA

Los detalles de la estrategia son todos los puntos a tener en cuenta en los cuales nos sentimos más seguros para ejecutarla y tenemos mejores resultados:

- *¿Usamos gráficos de líneas o de velas japonesas?*
- *¿Usamos indicadores o no?*
- *Si usamos indicadores ¿Cuántos y cuáles usamos?*
- *¿Qué temporalidad de gráficos usamos?*
- *¿Operamos en mercados volátiles?*
- *¿Operamos en mercados estáticos?*
- *¿Con que beneficios operamos?*
- *¿Qué tiempos de expiración usamos en las opciones binarias?*
- *¿Qué porcentaje del capital usamos por operación?*
- *¿Qué tipo de stop de ganancias usamos?*
- *¿Qué tipo de stop de pérdidas usamos?*
- *¿Cómo registramos los resultados de nuestra estrategia?*

12) ESTRATEGIAS PARA GANAR MAS DE LO QUE SE PIERDE Y MEJORAR LA ESPERANZA MATEMATICA Y EL RATIO BENEFICIO RIESGO

Para mejorar la esperanza matemática y el ratio beneficio riesgo de nuestra estrategia se pueden distintas estrategias de gestión del capital en la sesión que analizamos en detalle en el capitulo anterior:

¿Cómo ganar al vencimiento?

¿Cómo ganar con ventas anticipadas al vencimiento?

¿Cómo perder menos con ventas anticipadas al vencimiento?

¿Cómo ganar formando rangos ganadores?

¿Cómo evitar pérdidas abriendo en varias posiciones?

13) *ESTRATEGIA DE GESTIÓN DEL CAPITAL EN LA SESIÓN*

Podemos mejorar nuestra gestión del capital en la sesión aplicando alguna de las estrategias pautadas en el capítulo 6 y verificar con cuál de ellas perdemos menos y ganamos más seleccionando esta para aplicar en nuestro plan de trading.

Nuestra estrategia nos permitirá descubrir cuál es el monto óptimo o capital por operación que debemos utilizar para cuidar la cuenta.

También podemos descubrir según el horario de nuestras operaciones que tipo de gestión del capital es más efectiva y determinar usar distintos tipos de gestión según el horario y pautar esto como regla.

14) *EFECTIVIDAD DE LA ESTRATEGIA*

Este punto clave consiste en detectar los momentos o condiciones en que tenemos mayor efectividad en nuestras operaciones y establecerlos como regla en la sesión.

Por ejemplo descubrimos que obtenemos un 65% de efectividad en mercados laterales y un 55% de efectividad en mercados en tendencia por lo cual podemos determinar como regla de la sesión "Operar solo en mercados laterales".

15) *RESULTADOS PORCENTUALES*

Este punto consiste en detectar los momentos o condiciones en que tenemos un mejor resultado porcentual de nuestras sesiones de trading y establecerlos como regla.

Por ejemplo: Descubrimos que con los gráficos de 30 minutos tenemos un mayor resultado porcentual promedio que con gráficos de 5 minutos entonces establecemos como regla "Usar gráficos de 30 minutos".

16) *REGISTRO DE TRADING*

Si detectamos en un buen tiempo cuanto mejora nuestro trading en cuanto a efectividad y beneficios porcentuales usando un diario de trading podemos establecer como regla "Dedicar 5 minutos diarios a completar todos los datos de nuestro propio diario de Trading".

17) DISCIPLINA

Siguiendo nuestro diario de trading descubrimos que al seguir con disciplina reglas estrictas de gestión monetaria evitamos pérdidas importantes que antes sufríamos entonces podemos reforzar y continuar con nuestras reglas de gestión del capital.

18) CONTROL DE LAS EMOCIONES

Asentamos en nuestro diario de trading nuestros resultados en las operaciones al estar bajo influjo de emociones fuertes como el miedo o la codicia y descubrimos que baja nuestro nivel de trading establecemos como regla dejar de operar si estamos bajo el influjo de las emociones.

Otra posible alternativa es describir que problemas nos afectan en el momento que operamos: problemas familiares, problemas en el trabajo, otros problemas. Detectando los problemas y nuestros resultados en esas situaciones podemos establecer reglas sobre las emociones y cuando no es conveniente operar.

REGLAS DEL PLAN DE TRADING

Al ir comprobando la efectividad de nuestra estrategia de trading en cuenta demo o en backtesting estableceremos las reglas de cada sesión individual de trading y relacionadas las reglas generales de nuestro plan de trading, considerando a grandes rasgos los puntos clave que hacen a un plan de trading rentable.

GUÍA DE PUNTOS CLAVE PARA CREAR LAS REGLAS DE NUESTRO PLAN DE TRADING

NUMERO	PUNTO CLAVE DEL PLAN DE TRADING
1	DISEÑO Y GESTIÓN DEL PLAN DE TRADING
2	ESTRATEGIAS DE TRADING
3	GESTIÓN MONETARIA
4	GESTIÓN DE RIESGOS
5	GESTIÓN PSICOLOGICA
6	GESTIÓN DE LA DISCIPLINA

1) DISEÑO Y GESTIÓN DEL PLAN DE TRADING

Nuestro plan de trading debe partir de nuestras operaciones, de nuestro estilo para operar por lo cual es sumamente necesario buscar una estrategia donde se opere razonando y no por emociones.

Para operar razonando es necesario saber la acción del precio y como se mueve este en mercados en tendencia alcista, bajista o cuando no hay ninguna tendencia y el mercado oscila en forma lateral.

Conocer como se mueve el precio nos brinda una amplia ventaja ya que a largo plazo tendremos la posibilidad de ganar más operaciones de las que perdemos y alcanzar la rentabilidad que no se lograría jamás operando instintivamente esperando un golpe de suerte como un apostador de casino.

Seguir nuestra estrategia en cuenta demo o en backtesting con un plan de trading nos permitirá detectar los aspectos en los cuales fallamos y tenemos grandes pérdidas en nuestra cuenta, de ese modo podemos ir creando nuestras reglas operativas, reglas de sesión de Trading y fundamentalmente las reglas generales en que se basará nuestro plan de Trading que iremos creando o modificando a medida que detectemos errores hasta alcanzar la rentabilidad.

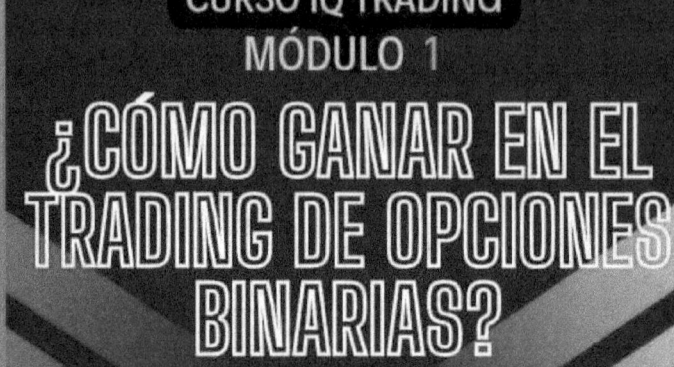

Si lees con atención este módulo aprenderás a operar razonando y ganando más de lo que pierdes en el trading de opciones binarias. En un principio el plan de trading debe diseñarse en forma flexible ya que la idea es visualizar aquellos aspectos en los que fallamos y se nos escurre el dinero de la cuenta y crear reglas que corroboradas un considerable número de operaciones nos terminen dando más ganancias que perdidas o que disminuyan considerablemente las perdidas cuando nos toca perder.

"Un trader defensivo que cuida su cuenta y opera con disciplina a la larga se convierte en rentable"

1) ESTRATEGIAS DE TRADING

Hay muchas estrategias de trading rentables, estrategias con las que se ganan más operaciones de las que se pierden.

Sin embargo hay que tener en cuenta lo siguiente:

- *Ninguna estrategia de trading es infalible, se puede ganar y se puede perder con ellas*
- *Podemos conocer el porcentaje de aciertos de una estrategia en un gran universo de operaciones pero jamás sabremos el orden de ellas. Por ejemplo podemos tener una estrategia que tenga un 80% de efectividad cada 100 operaciones y de repente al usarla en un mal día tener 20 operaciones pérdidas en forma consecutiva.*
- *No es importante el orden de los resultados de nuestra estrategia sino los resultados obtenidos a largo plazo con un gran número de operaciones. Por ejemplo: tu puedes tener una estrategia con 65% de efectividad pero de golpe en 100 operaciones haces cuentas y solo obtienes un 50% de efectividad, sin embargo al continuar tu estrategia con disciplina descubres que con 3000 operaciones tu estrategia esta en el orden del 64% a 65% de efectividad, por lo cual la ley de los grandes números es importante en el uso de nuestra estrategia.*
- *El otro punto importante al usar nuestra estrategia de trading es revisar que tenga una esperanza matemática positiva compuesto por el porcentaje de aciertos y el ratio beneficio riesgo (la diferencia entre lo que se gana cuando se gana y lo*

que se pierde cuando se pierde). Mejorar la esperanza matemática de nuestra estrategia es posible conociendo las formas de ganar más y perder menos en el trading que abarco en este modulo: Venta al vencimiento, venta anticipada, creación de rangos ganadores, etc.

- *Si demostramos tener una estrategia ganadora en un gran número de operaciones no debemos abandonarla cuando tenemos una racha negativa, sino revisar en nuestro diario porque se dio esta cadena de malos resultados y crear reglas dentro de nuestras operaciones para perder menos y lograr ganar más en nuestro estilo de Trading.*

2) *GESTIÓN MONETARIA*

Si tu fueras a operar en un futuro en una cuenta real con 100 dólares podrías comenzar a practicar tu estrategia en demo con un capital igual y comprobar que resultados obtienes usando cada semana un porcentaje distinto por cada operación.

Prueba: 1 semana usando más del 20% por operación
   1 semana usando entre el 5% al 20% por operación
   1 semana usando del 2% al 5% el capital por operación
   1 Semana usando el 2% del capital por operación
   1 semana usando solo el 1% del capital por operación

- *Luego de poco tiempo te vas a dar cuenta que usando el 1% por operación es prácticamente imposible vaciar la cuenta con una buena estrategia, se crece más lento pero con seguridad.*
- *Usar un 2% por operación puede incrementar los resultados con un riesgo relativamente bajo, aunque mayor que usando solo 1%*
- *Usar más de 2% puede tener mejores beneficios, pero con grandes riesgos de vaciar la cuenta, en una racha positiva se puede ganar mucho, pero por el contrario en una racha negativa podemos sufrir perdidas irrecuperables en la cuenta.*
- *Usar entre el 1y 2% por operación con una estrategia efectiva con esperanza matemática positiva es una garantía de éxito ya que con una cuenta de solo 200 dólares se necesita una diferencia de 83 a 166 operaciones perdidas para vaciar la*

cuenta, con más capital se aumenta considerablemente la cantidad de operaciones perdidas para vaciar la cuenta.

Así como debemos verificar cual es el porcentaje ideal del capital por cada operación debemos analizar cuáles son nuestros mejores stop de pérdidas y de ganancias, o señales para dejar de operar en la sesión, en el día, en la semana o en el mes:

- *¿Perdemos menos cuando establecemos stop de tiempo a nuestro Trading?*
- *¿Perdemos menos cuando establecemos stop de cantidad de operaciones a nuestro Trading?*
- *¿Perdemos menos cuando establecemos stop porcentuales a nuestro Trading?*
- *¿Perdemos menos cuando usamos stop combinados como el stop de tiempo y el stop porcentual?*
- *¿Cuál es nuestro mejor stop de perdidas comprobado?*
- *¿Ganamos más cuando establecemos stop de tiempo a nuestro Trading?*
- *¿Ganamos más cuando establecemos stop de cantidad de operaciones a nuestro Trading?*
- *¿Ganamos más cuando establecemos stop porcentuales a nuestro Trading?*
- *¿Ganamos más cuando usamos stop combinados como el stop de tiempo y el stop porcentual?*
- *¿Cuál es nuestro mejor stop de ganancias comprobado?*

3) *GESTION DEL RIESGO*

La gestión del riesgo consiste en detectar todos los posibles riesgos de perdidas y establecer reglas para que sea lo menor posible.

Un error común de los Traders es pensar el Trading exclusivamente en ganancias cuando hay una inmensa cantidad de variables que son un riesgo latente desencadenante de perdidas:

- *Mercados no adecuados a nuestro estilo de Trading*
- *Estado emocional inestable*
- *Conexión defectuosa de internet*

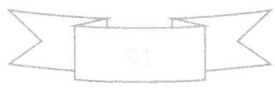

- *No tener control de nuestra disciplina*
- *No seguir las reglas de nuestro plan*
- *No seguir un registro de nuestro Trading*

4) GESTIÓN PSICOLOGICA

Consiste en detectar cuales son nuestros momentos emocionales óptimos para operar con los mejores resultados y nuestros peores momentos emocionales donde obtenemos los perores resultados.

- *¿Qué resultados de Trading obtienes cuando sientes miedo?*
- *¿Qué resultados de Trading obtienes cuando sientes avaricia?*
- *¿Qué resultados de Trading obtienes cuando tienes deseos de revancha?*
- *¿Cómo afectan tus problemas de la vida diaria en tus resultados de Trading?*
- *¿Qué resultados de Trading obtienes cuando no estas afectado por el influjo de ninguna emoción?*
- *¿Cuál consideras que es el mejor momento y lugar para operar con mejores resultados?*

Del análisis de estas preguntas estableceremos las reglas de gestión psicológica.

5) GESTIÓN DE LA DISCIPLINA

Seguir con disciplina nuestro plan de Trading es la clave para alcanzar la rentabilidad ya que aun teniendo una racha muy mala nos permitirá conservar dinero en la cuenta y así como se puede tener una racha muy mala también se tienen rachas muy buenas, que son las que nos permiten hacer crecer la cuenta con seguridad.

¿Cómo gestionar la disciplina de nuestro plan de Trading?

Teniendo a mano las reglas de nuestro plan de trading en formato escrito a fin de seguirlas.
Practicar el trading sin emociones, no somos los mejores cuando ganamos ni los peores cuando perdemos
Cuando vemos que nuestras emociones nos quieren hacer romper una regla dejamos de operar

Establecer como regla dejar de operar si rompemos una regla

Volver a demo si nos salimos de las reglas procurando operar respetando estrictamente las reglas en demo un número importante de operaciones.

Si en volvimos a demo y no podemos respetar estrictamente las reglas de nuestro plan con disciplina debemos retirar el dinero real de nuestra cuenta y no operar más por un tiempo considerable, alejarse del trading un tiempo.

Luego de un tiempo podemos volver a probar nuestro plan y estrategia haciendo hincapié en la disciplina en la cuenta demo y ver si mejoramos este aspecto o no y decidir si volvemos a real o no.

CAPÍTULO 8

GESTIÓN MONETARIA

Y DE RIESGOS DEL PLAN

La gestión monetaria y de riesgos van de la mano, son fundamentales a la hora de alcanzar la rentabilidad en el trading, un Trader que no utiliza gestión monetaria en su cuenta de trading aumenta exponencialmente su riesgo de grandes e irrecuperables pérdidas y se convierte simplemente en un apostador.

El trading es un escenario de incertidumbre, nadie sabe con certeza si el precio de un activo subirá o bajara, o si la próxima operación va a ser ganadora o perdedora.

El ser humano tiene la capacidad de imaginar en su vida los distintos escenarios posibles, tanto los positivos como los negativos y de crear certezas o las condiciones de mayor seguridad ante los escenarios negativos. Pero esto no es posible en el campo del trading ya que el Trading es incertidumbre y en general la mayoría de los Traders principiantes piensan que el éxito consiste en eliminar las incertidumbres y se la pasan buscando el indicador mágico, la estrategia infalible o la fórmula secreta para ganar siempre en el Trading.

Lamento informar que eso es absolutamente imposible, no se pueden eliminar las incertidumbres ya que en el Trading hay dos resultados posibles que se dan inevitablemente:

"Ganar o perder".

"No existe el sistema de trading que acierte siempre"

Reconocer que el trading es incertidumbre es fundamental para elaborar y planificar formas de protegernos de esa incertidumbre.

RELACIÓN ENTRE INCERIDUMBRE Y RIESGO

Que exista incertidumbre no quiere decir necesariamente que haya riesgo, la incertidumbre y el riesgo van íntimamente relacionados entre sí cuando desconocemos o no tenemos asumido que el trading es un escenario de incertidumbre.

Para que quede más claro:

- Una persona que se acerque al mundo del trading buscando certezas o certidumbres o ignorando que es un escenario de incertidumbre está corriendo muchísimo riesgo
- Una persona que comprende que el trading es un escenario de incertidumbre podrá planificar y elaborar estrategias para controlar la incertidumbre y minimizar el riesgo, por eso es tan importante la elaboración de nuestro propio plan de trading.
- La gestión del riesgo consiste en tomar todas las herramientas disponibles para limitar el riesgo y minimizar o evitar posibles pérdidas y proteger de ese modo nuestro capital.
- El trading rentable consiste en pensar en probabilidades de que las cosas sucedan y controlar las incertidumbres.

"En cualquier ámbito de la vida si buscas la seguridad no teniendo en cuenta que cualquier cosa puede pasar, solo vas a conseguir miedo, perder libertad y ganar infelicidad"

"Aunque tengamos la capacidad de imaginar y planificar para los distintos escenarios posibles debemos asumir que no todo se puede prever o planificar, siempre abra una dosis de incertidumbre en todo lo que hagamos, en el trading es exactamente igual y si no entendemos esto jamás podremos convertirnos en Traders rentables".

No todas las personas están acostumbradas a manejarse en entornos de incertidumbre y por eso tan pocas personas alcanzan la consistencia en el trading.

Sin embargo algo que debemos tener en cuenta es que la seguridad no existe como bien lo demostró la pandemia del Coronavirus en el planeta donde de un momento a otro un virus imperceptible pone en duda la aparente seguridad laboral, económica, medica entre otras de millones de personas.

Tanto la vida como el trading requieren una adecuada gestión del riesgo para minimizarlos.

En el trading para minimizar los riesgos ***es necesario conocer a la perfección nuestros sistemas o estrategias***, conocer nuestras ventajas o puntos fuertes y nuestras desventajas o puntos débiles y a partir de ahí utilizando la estadística de nuestro sistema podemos gestionar el riesgo.

La mejor forma de gestionar el riesgo es diseñando un buen plan de trading, creado mediante la investigación de nuestro sistema y estrategias.

Un Trader debe saber previamente como usar su estrategia, jamás debe improvisar:

- Debe conocer qué condiciones se deben dar para abrir una operación
- Debe conocer qué condiciones se deben dar para cerrar una operación ya sea en beneficios o en perdidas.

La gran mayoría de las personas abren operaciones improvisando, sin saber cuándo van a cerrar, esperan que esta vaya a favor y ni siquiera tienen en cuenta que esta puede ir en contra, y mucho menos plantear metas de cierre en ganancias o en perdidas.

Como dije en capítulos anteriores, los riesgos en el trading se pueden dar por distintas causas, una de las más importantes a tener en cuenta es la gestión monetaria.

¿Qué es la gestión monetaria?

Es la estrategia de manejo y control del capital de nuestra cuenta de Trading que tiene la finalidad de reducir o minimizar las perdidas y potenciar o incrementar las ganancias.

Una excelente gestión monetaria no va a convertir una estrategia perdedora en ganadora, simplemente permite obtener los mejores resultados para un sistema perdedor y perder entonces lo menos posible.

¿Qué se logra con una excelente gestión monetaria?

- Minimiza perdidas de las estrategias perdedoras
- Incrementa exponencialmente los beneficios de las estrategias ganadoras
- Ante cualquier tipo de estrategia, sea esta ganadora o perdedora lleva a proteger el capital de nuestra cuenta. Si la estrategia es perdedora será necesario cambiar por otra estrategia y verificar su esperanza matemática en backtesting.

Una excelente gestión monetaria da tiempo a demostrar a largo plazo con muchas operaciones de poco capital que nuestra estrategia de trading es ganadora.

En el corto plazo los resultados del Trading son aleatorios ya que no podemos estimar cual va a ser el resultado porcentual de nuestra estrategia en 10, 20, 50 o 100 operaciones, sin embargo si sabemos que si nuestra estrategia tiene por ejemplo un 55% de aciertos verificados en backtesting en un gran universo de operaciones, va a estar muy pero muy cerca de esos porcentajes si hacemos por ejemplo 5000 operaciones.

BENEFICIOS NECESARIOS PARA RECUPERAR PERDIDAS

PERDIDA PORCENTUAL	GANANCIA NECESARIA PARA RECUPERAR PERDIDAS
2%	2..04%
5%	5.26%
10%	11.1%
20%	25%
30%	42.85%
40%	66.6%
50%	100%
60%	150%
70%	233%
80%	400%
90%	900%
100%	SIN POSIBILIDAD DE RECUPERACIÓN

Este cuadro muestra los porcentajes necesarios solo para recuperar perdidas y dejar la cuenta al mismo nivel que estaba al iniciar.

Los cálculos se sacan en forma sencilla dividiendo el 100% sobre el porcentaje que nos quedo en la cuenta y restándole 1 y multiplicándolo por 100:

Por ejemplo: Si tengo un capital total de 100 dólares equivalentes al 100% y pierdo 20 dólares equivalentes al 20% se divide 100% sobre el 80% que nos quedo en cuenta.

100/80 – 1 x 100 = 0.25 x 100 = 25% Esta cuenta nos indica que se necesita ganar un 25% del valor de la cuenta solo para recuperar un 20% perdido.

Vamos a otro ejemplo: Si tengo un capital de 100 dólares y pierdo el 80% me quedaría solo un 20% o 20 dólares, en este caso la cuenta seria dividir el 100% sobre los que me quedo que es el 20% restándole 1 y multiplicándolo por 100.

100/20 -1 x 100 = 5 – 1 x 100= 4 x 100= 400%

Como vemos en este caso se necesita ganar un 400% de la cuenta para recuperar las pérdidas del 80%

Por el contrario cada vez que ganamos necesitamos menos beneficios para acercarnos a nuestras metas de trading

BENEFICIOS NECESARIOS PARA ALCANZAR NUESTRAS METAS CUANDO GANAMOS

BENEFICIO PORCENTUAL	BENEFICIO NECESARIO PARA ALCANZAR METAS
0%	*100%*
10%	*81%*
25%	*60%*
50%	*33%*
75%	*14%*
90%	*5.26%*

Como observamos en el cuadro si tenemos una meta de llegar al 100% de beneficios cada vez que ganamos y crece nuestra cuenta porcentualmente se necesitan menos beneficios para llegar a la meta.

¿Cómo se calcula esto?

Si con una cuenta de trading de 100 dólares quisiéramos que llegue a 200 dólares necesitamos un 100% de beneficios pero cada vez que va creciendo nuestra cuenta se va necesitando menos resultados porcentuales para llega a la meta.

Por ejemplo si se obtuviera después de un tiempo un 50% de beneficios

Se suma el capital inicial expresado en porcentaje + la meta expresada en porcentaje:

100% capital inicial + 100% meta = 200 %

Y luego se divide este valor sobre el capital inicial expresado en porcentaje 100% más los beneficios obtenidos hasta el momento expresado en porcentaje:

Por ejemplo: 100% capital inicial + 50% de beneficios = 150%

200% / 150% nos da un 33.33% para llegar a la meta planteada.

Como vemos en ambos ejemplos cuando perdemos fondos abruptamente necesitamos resultados porcentuales exorbitantes para recuperar la cuenta, mientras que cuando vamos incrementando y ganado poco a poco la cuenta necesitara menores resultados porcentuales para alcanzar nuestras metas de trading.

PÉRDIDAS CONSECUTIVAS NECESARIAS PARA VACIAR LA CUENTA

Ahora vamos a ver qué cantidad de perdidas consecutivas o diferencia entre operaciones perdidas sobre ganadas se necesitan para vaciar una cuenta de trading y porque es importante tener en cuenta estos datos estadísticos para crear nuestra propia gestión monetaria en busca de la rentabilidad, este dato es fundamental a la hora de diseñar nuestro plan de trading en búsqueda de reducir riesgos ya que como veremos en el siguiente cuadro hay enormes diferencias entre los porcentajes usados.

CUADRO DE DIFERENCIA DE OPERACIONES PERDIDAS PARA VACIAR LA CUENTA DE TRADING

Es importante aclarar que cuanto más grande es la cuenta de trading más difícil es vaciarla usando una excelente gestión monetaria.

PORCENTAJE POR OPERACION	CUENTA INICIAL DE $100	CUENTA INICIAL DE $200	CUENTA INICIAL DE $400	CUENTA INICIAL DE $800	CUENTA INICIAL DE $1600
1%	-100 DOPPVC	-166 DOPPVC	-232 DOPPVC	-298 DOPPVC	-364 DOPPVC
2%	-50 DOPPVC	-83 DOPPVC	-116 DOPPVC	-149 DOPPVC	-182 DOPPVC
3%	-33 DOPPVC	-55 DOPPVC	-77 DOPPVC	-99 DOPPVC	-121 DOPPVC
4%	-25 DOPPVC	-41 DOPPVC	-57 DOPPVC	-73 DOPPVC	-89 DOPPVC
5%	-20 DOPPVC	-33 DOPPVC	-46 DOPPVC	-59 DOPPVC	-72 DOPPVC
6%	-16 DOPPVC	-27 DOPPVC	-37 DOPPVC	-48 DOPPVC	-59 DOPPVC
7%	-14 DOPPVC	-23 DOPPVC	-32 DOPPVC	-41 DOPPVC	-50 DOPPVC
8%	-12 DOPPVC	-20 DOPPVC	-28 DOPPVC	-36 DOPPVC	-44 DOPPVC
9%	-11 DOPPVC	-18 DOPPVC	-25 DOPPVC	-32 DOPPVC	-39 DOPPVC
10%	-10 DOPPVC	-16 DOPPVC	-24 DOPPVC	-30 DOPPVC	-36 DOPPVC

- *Como observamos en el cuadro usar el 1% por operación es la mejor gestión monetaria ya que se reduce notablemente el riesgo ya que se necesitan una diferencia de operaciones perdedoras sobre ganadoras muy amplia para vaciar la cuenta, resulta muy difícil tener una diferencia de -166 operaciones perdedoras con una pequeña cuenta de $200.*
- *Usar el 2% por operación incrementa al doble el riesgo y ni hablar de porcentajes mayores, donde con solo una diferencia de 20 o 30 operaciones perdidas puede llevar a vaciar la cuenta de trading.*

CUADRO DE INCREMENTO DE CANTIDAD DE OPERACIONES PARA VACIAR LA CUENTA CADA 100% DE BENEFICIOS

Cuando la cuenta de Trading crece se incrementan las cantidades de operaciones perdedoras necesarias para vaciar la cuenta de trading, especialmente se genera un incremento cuando se utilizan menores porcentajes del capital por operación.

PORCENTAJE POR OPERACION	CUENTA INICIAL DE $100	CUENTA INICIAL DE $200	CUENTA INICIAL DE $400	CUENTA INICIAL DE $800	CUENTA INICIAL DE $1600
1%	-100 DOPPVC	AUM -66 DOPPVC T -166	AUM -66 DOPPVC T - 232	AUM -66 DOPPVC T-298	AUM -66 DOPPVC T-364
2%	-50 DOPPVC	AUM-33 DOPPVC T-83	AUM-33 DOPPVC T-116	AUM-33 DOPPVC T-149	AUM-33 DOPPVC T-182
3%	-33 DOPPVC	AUM-22 DOPPVC T-55	AUM-22 DOPPVC T-77	AUM-22 DOPPVC T-99	AUM-22 DOPPVC T-121
4%	-25 DOPPVC	AUM-16 DOPPVC T-41	AUM-16 DOPPVC T-57	AUM-16 DOPPVC T-73	AUM-16 DOPPVC T-89
5%	-20 DOPPVC	AUM-13 DOPPVC T-33	AUM-13 DOPPVC T-46	AUM-13 DOPPVC T-59	AUM-13 DOPPVC T-72
6%	-16 DOPPVC	AUM-11 DOPPVC T-27	AUM-11 DOPPVC T-38	AUM-11 DOPPVC T-49	AUM-11 DOPPVC T-60
7%	-14 DOPPVC	AUM-9 DOPPVC -23T	AUM-9 DOPPVC T-32	AUM-9 DOPPVC T-41	AUM-9 DOPPVC T-50
8%	-12 DOPPVC	AUM-8 DOPPVC T-20	AUM-8 DOPPVC T-28	AUM-8 DOPPVC T-36	AUM-8 DOPPVC T-44
9%	-11 DOPPVC	AUM-7 DOPPVC T-18	AUM-7 DOPPVC T-25	AUM-7 DOPPVC T-32	AUM-7 DOPPVC T-39
10%	-10 DOPPVC	AUM-6 DOPPVC T-16	AUM-6 DOPPVC T-22	AUM-6 DOPPVC T-28	AUM-6 DOPPVC T-34

- *AUM: AUMENTO DE DIFERENCIA DE OPERACIONES PARA VACIAR LA CUENTA CADA VEZ QUE SE INCREMENTA LA CUENTA EN UN +100% DE BENEFICIOS.*
- *DOPPVC: DIFERENCIA DE OPERACIONES PERDIDAS PARA VACIAR LA CUENTA DE TRADING*
- *T: TOTAL DE DIFERENCIA PERDEDORAS SOBRE GANADORAS PARA VACIAR LA CUENTA*

¿PORQUE ES IMPORTANTE LA EECTIVIDAD DE LA ESTRATEGIA Y LOS BENEFICIOS A LA HORA DE PLANIFICAR EL RIESGO DE NUESTRO PLAN?

Simplemente porque incrementa los riesgos: Si tú tuvieras una estrategia que no gana ni pierde, que obtiene exactamente un 50% de aciertos y un 50% de fallos *¿Podrás al menos conservar la cuenta de trading?*

Depende de los beneficios al ganar, este tipo de estrategia suele llevar a perder dinero poco a poco ya que los bróker suelen ofrecer beneficios que pocas veces llegan al 100%, entonces cuando pierdes al vencimiento, pierdes el 100% y cuando ganas al vencimiento, ganas menos del 100%. Vamos a un ejemplo para entender mejor:

Si tú operas una estrategia que tiene el 50% de aciertos y 50% de fallos y otorga un 90% de beneficios en las operaciones ganadas y se pierde el 100% de lo invertido en operaciones perdedoras los resultados con 100 operaciones de 1 dólar serian los siguientes.

ANALISIS DE EFECTIVIDAD DEL 50% EN ESTRATEGIAS

ESTRATEGIA CON 50% DE EECTIVIDAD	RESULTADOS PARCIALES
OPERACIONES GANADAS Y BENEFICIOS DE LA CUENTA	50 OPERACIONES X $0.90 NOS DA UN TOTAL DE $45 DÓLARES DE GANANCIAS
OPERACIONES PERDIDAS Y PERDIDAS DE LA CUENTA	50 OPERACIONES X $1 NOS DA UN TOTAL DE $ -50 DÓLARES DE PERDIDAS
BALANCE FINAL	$45 DOLARES DE GANANCIA -$50 DÓLARES DE PERDIDA

TRAS 100 OPERACIONES SE OBTIENEN -$5 DÓLARES O -5%

Como vemos en el ejemplo una estrategia que gana la misma cantidad de veces que pierde no necesariamente ayuda a conservar el capital de la cuenta, por lo tanto no se debe operar porque se asume un cierto riesgo de ir vaciando la cuenta poco a poco.

Analicemos un caso con polos opuestos: un altísimo porcentaje de aciertos pero con beneficios mucho menores cuando se gana.

Si tú operas una estrategia que tiene el 90% de aciertos y 10% de fallos y otorga un 10% de beneficios en las operaciones ganadas y se pierde el 100% de lo invertido en operaciones perdedoras los resultados con 100 operaciones de 1 dólar serian los siguientes.

ANALISIS DE EFECTIVIDAD DEL 50% EN ESTRATEGIAS

ESTRATEGIA CON 90% DE EECTIVIDAD	RESULTADOS PARCIALES
OPERACIONES GANADAS Y BENEFICIOS DE LA CUENTA	90 OPERACIONES X $0.10 NOS DA UN TOTAL DE $9 DÓLARES DE GANANCIAS
OPERACIONES PERDIDAS Y PERDIDAS DE LA CUENTA	10 OPERACIONES X $1 NOS DA UN TOTAL DE $ -10 DÓLARES DE PERDIDAS
BALANCE FINAL	$9 DOLARES DE GANANCIA -$10 DÓLARES DE PERDIDA

TRAS 100 OPERACIONES SE OBTIENEN -$1 DÓLARES O -1%

Este ejemplo nos demuestra que tener una efectividad del 90% en las operaciones no significa necesariamente ganar.

¿Cuántas veces observamos publicidades de gente que vende estrategias con un 90% de aciertos?

Cualquier persona con un poco de práctica puede diseñar estrategias con un 90% de aciertos, pero esto no significa que sean rentables ya que por ejemplo: implican poner el stop de ganancias al +10% muy cercano al precio de apertura y colocar el stop de pérdidas al -95% muy alejado del precio de apertura por lo cual es completamente razonable que se ganan la mayoría de las veces, pero aquí no importa el porcentaje de aciertos sino el ratio beneficio riesgo:

"Lo que se gana cuando se gana y lo que se pierde cuando se pierde"

CLAVES PARA BUSCAR ESTRATEGIAS RENTABLES

Los siguientes puntos clave son los que debes tener en cuenta para detectar si una estrategia es rentable o debes mejorar ciertos aspectos para que lo sea.

- PORCENTAJE DE ACIERTOS: Este dato es importante pero siempre teniendo en cuenta el ratio beneficio riesgo de nuestras operaciones, ya que si cuando ganamos, ganamos poco y cuando perdemos, perdemos mucho probablemente estaremos ante una estrategia perdedora.
- RATIO BENEFICIO RIESGO: Este dato es clave ya que nos indica cuanto se gana cuando se gana y cuanto se pierde cuando se pierde, por lo que siempre se deben buscar sistemas o estrategias que tengan un ratio beneficio riesgo alto y esto no necesariamente significa asumir riesgos excesivos.

¿CÓMO MEJORAR EL PORCENTAJES DE ACIERTOS Y EL RATIO BENEFICIO RIESGO DE LAS ESTRATEGIAS DE OPCIONES BINARIAS?

La clave para mejorar las estrategias es tener en cuenta y aplicar las distintas formas de ganar más en el trading de opciones binarias y las distintas formas de reducir perdidas o perder menos.

FORMAS PARA GANAR MÁS CON OPCIONES BINARIAS

- Si abrimos una operación de corto plazo o mediano plazo y se mueve muy a nuestro favor no tenemos la certeza de que ganaremos, sin embargo tenemos una alta probabilidad de que esta operación termine ganadora por lo que simplemente podemos *esperar al vencimiento y ganar.*
- Si abrimos una operación de corto plazo en un mercado volátil con subidas y bajadas repentinas de precio o si fuera estable y nuestra operación se pone muy a nuestro favor podemos

simplemente ***vender en forma anticipada*** y obtener una ganancia asegurada, que va a ser menor a la del cierre al vencimiento ganando pero en definitiva es una operación ganada con beneficios asegurados.

- Si abrimos una operación de corto o mediano plazo y se pone muy a nuestro favor podemos abrir una operación de dirección contraria ***creando rangos ganadores***, incrementando los posibles beneficios y disminuyendo exponencialmente los riesgos.

FORMAS PARA PERDER MENOS CON OPCIONES BINARIAS

- Si abrimos una operación y se pone muy en contra nuestra no tiene mucho sentido tocar nada, simplemente hay que ***asumir la perdida***. Por ejemplo si usamos 10 dólares y la operación se pone tan en contra nuestra que el bróker nos ofrece 0.04 centavos de dólar por vender anticipadamente no tiene mucho sentido ya que aunque las probabilidades están en nuestra contra puede darse un cambio de tendencia volátil del precio y terminemos ganando. Tampoco debemos tentarnos en abrir otra operación para proteger la primera porque podemos llegar a perder el doble.

- Si abrimos una operación y esta dudosa, no se mueve mucho desde el precio de apertura y no tenemos indicios de una mayor probabilidad de ganar simplemente podemos ***vender anticipadamente al vencimiento protegiendo el capital*** y tener una muy pequeña pérdida o ganancia o no ganar ni perder nada.

- Si por el contrario la operación se pone muy a nuestro favor y creamos ***rangos ganadores protectores,*** no solo estamos aumentado las posibilidades de ganar más sino que estamos protegiendo la cuenta de las posibles pérdidas.

- Los rangos ganadores es una estrategia muy rentable ya que aun con un muy bajo porcentaje de aciertos (10%) se pueden obtener beneficios porque tiene un ratio beneficio riesgo alto, cuando se pierde, se pierde poco y cuando se gana, se gana mucho.

"Sin importar cual sea tu estrategia operativa de trading debes tener presentes y aplicar las distintas formas de ganar más y perder menos ya que de esta forma se disminuyen los riesgos del plan de Trading"

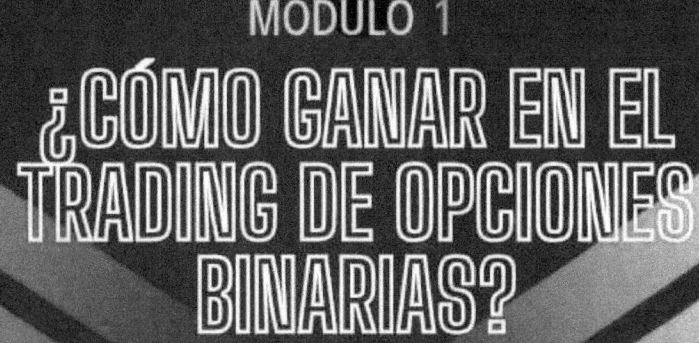

PUNTO CLAVE: *"Como vengo dije a lo largo de este capítulo el trading es incertidumbre ya que no podemos saber lo que va a pasar con el mercado, sin embargo nosotros mismos podemos dar a nuestro plan de Trading algunas certidumbres o cosas seguras que pueden pasar ya que si solo arriesgamos el 1% por operación tenemos la seguridad de que ante una posible pérdida solo vamos a perder el 1% del capital por operación y nada más, esta es una forma de dar certidumbres en un escenario de incertidumbre como es el Trading y disminuir exponencialmente los riesgos del plan de Trading".*

¿CÓMO USAR LA LEY DE LOS GRANDES NUMEROS PARA GESTIONAR EL RIESGO?

Si tú tienes una estrategia y no sabes si es realmente efectiva ¿Cómo harías para identificar si es rentable o no?
Comprobándola en un gran universo de operaciones utilizando una excelente gestión monetaria.
Si tú tienes una estrategia efectiva que haz comprobado en un gran universo de operaciones y te da como resultados que tiene un 60% de porcentaje de aciertos ¿Cómo harías para que la misma estrategia funcione en una cuenta real con dinero real?

La única forma es utilizando una excelente gestión monetaria utilizando poco capital en muchísimas operaciones (LEY DE LOS GRANDES NUMEROS).

"La ley de los grandes números sirve para identificar si una estrategia es rentable o no y para dar tiempo a una estrategia rentable para que de buenos resultados y ganancias".

EJEMPLO DE LA LEY DE LOS GRANDES NÚMEROS

- *Si tu tiras al aire una moneda hay 50% de posibilidades de que salga cara y 50% de que salga seca*
- *Si tu tiras la misma moneda dos veces pueden darse dos posibles resultados: que salga 1-1 (una vez cara y una vez seca) o que salga 2-0 (dos veces de un lado y cero del otro)*
- *Si tu tiraras la moneda solo 10 veces al aire pueden darse los siguientes resultados 1-9, 2-8, 3-7, 4-6, 5-5, 9-1, 8-2, 7-3, 6-4*

(a la derecha cantidad de veces cara y a la izquierda cantidad de veces seca), como podemos ver los resultados son muy dispersos.

- *Ahora si tú tiraras 2.000 veces la moneda al aire los resultados se van a acercar al 50% debido al gran número de cantidad de veces que hace acercar a los resultados reales.*
- *En el trading pasa lo mismo: Si tienes una estrategia comprobada en un gran universo de operaciones usando una excelente gestión monetaria, te va a dar los mismos resultados porcentuales solo a largo plazo, si la usas en un gran universo de operaciones, disminuyendo así los riesgos de tu Trading".*

DISFRUTA NUESTRO LANZAMIENTO EN AMAZON:

CAPÍTULO 9:

GESTIÓN PSICOLÓGICA DEL PLAN

A la hora de hacer trading la psicología es el aspecto más importante, no existen Traders rentables que no usen una adecuada psicología en sus operaciones.

El Trading es una actividad donde influye significativamente el componente psicológico ya que al contrario de la gran mayoría de las actividades el trading tiene un efecto en tiempo real, los precios de nuestras operaciones se van moviendo a favor o en contra ganando o perdiendo en tiempo real e instantáneo, nuestras decisiones se ven reflejadas en los gráficos de Trading en forma instantánea.

Por otro lado la vida real es muy distinta ya que los seres humanos estamos acostumbrados a tomar decisiones y que los resultados de estas decisiones se vean reflejados en nuestra después de un tiempo, inclusive las decisiones laborales o económicas son las que más nos suelen preocupar y de las cuales solemos esperar con el tiempo buenos y aceptables resultados.

El Trading es exactamente lo contrario ya que desde que abrimos una operación el precio sube o baja y toda esa información del precio va a nuestra cabeza afectando nuestras emociones, por lo que el Trading se convierte en una actividad sumamente difícil.

Mucha gente considera que la psicología del Trading es un tema trivial o tabú y que no tiene ninguna relevancia en los resultados de nuestras operaciones, la verdad es que estas personas no conocen la realidad del trading y como pueden afectar para bien o para mal nuestras emociones a la hora de operar.

"La psicología del Trading es esencial para alcanzar la rentabilidad"

Y te los voy a explicar con ejemplos reales

Cualquier actividad de la vida donde se quiera ser exitoso requiere inevitablemente una capacidad:

"La capacidad de resolver problemas"

Muchas personas exitosas del mundo han llegado a ese estado por su indiscutible capacidad para resolver problemas que se les presentan:

- Considerado por una gran mayoría de personas del mundo como el mejor jugador de fútbol de la historia Diego Maradona tenía la capacidad de detectar y resolver problemas inminentes en el campo de juego en milésimas de segundos, lo que le llevo incluso a superar rivales aun estando golpeado o lesionado. La mayoría de los Cracks del fútbol tienen esta característica que tenia Maradona, aunque a diferencia de estos Maradona pudo demostrar esa capacidad de resolver problemas en el campo de juego rápidamente en niveles de competencia altísimos y ante enormes rivales.

- Michael Jordán tenia inmensas condiciones para el basquetbol desde joven, sin embargo el en algún momento pensó en ser el mejor basquetbolista de la historia y entendió que tenía grandes rivales a los que debía enfrentar integrando un equipo relativamente chico o sin historial de éxito en la NBA. Entonces creyó que podía construirse en el mejor de la historia dedicando horas y horas diarias al entrenamiento y mejoramiento de sus condiciones técnicas y tácticas pero no solo eso, ayudo a construir una inmensa fuerza de voluntad y deseos de victoria a sus compañeros de equipo que realmente no estaban a su nivel. Tal fue el trabajo de Michael Jordán para superar todos los obstáculos para ser el mejor que lo logro con creces y llevo a la cima del éxito a los Chicago Bulls cuando en esta ciudad jamás este equipo se destaco en el básquet, inclusive la gente de chicago seguía con fervor cualquier otro deporte menos el basquetbol, sin embargo esto cambio con la llegada de Jordán y la cadena de éxitos históricos conseguidos, logrando llenar los estadios con integrantes de toda la familia.
Jordán jamás se centro en los obstáculos sino en todas las acciones necesarias para superarlos.

"Las personas exitosas y felices de la vida tienen la capacidad de salir airosos ante los más graves problemas que se les presenten"

¿Cuál es la diferencia de los mejores de la media de las personas?

Básicamente es la psicología, la capacidad de evitar problemas o de encontrarse con problemas y no asustarse sino aceptarlos naturalmente como un desafío mismo de la vida y resolverlos favorablemente

A los Traders rentables les pasa algo similar: Se les presentan múltiples problemas en un escenario de incertidumbre como son los mercados financieros y saben tomar las mejores decisiones ya sea ganando o perdiendo, saben que cada una de sus decisiones deben apuntar a ganar más y perder menos en sus operaciones y que esa es la clave para lograr el éxito.

El trading es un escenario de incertidumbre stress donde debemos tener la capacidad de detectar cuales son nuestros aspectos positivos y potenciarlos como así también descubrir los aspectos negativos y minimizarlos para obtener mejores resultados.

¿Cuál es el secreto de un trading rentable?

El secreto para alcanzar el éxito está adentro tuyo y de tu conocimiento acerca de ti mismo tus fortalezas y debilidades, nadie obtendrá resultados por ti.

Tu puedes tener una estrategia efectiva, un plan de Trading rentable, una excelente gestión monetaria y de riesgos que solo te servirán si los apoyas en la psicología del Trading, aprender a manejar las emociones y no operar por los sentimientos que ellas generan, sino más bien razonando y pensando el Trading en términos de probabilidades.

¿Qué se necesita para alcanzar el éxito en el Trading?

- *Un 75% de gestión psicológica y excelente control de las emociones*

- *Un 25% de análisis técnico, gestión monetaria y de riesgos*

Sin embargo todos los Traders que pierden en el Trading ocupan casi todo su tiempo en conocer indicadores técnicos, patrones de velas japonesas o descubrir la operación secreta con la cual puedan ganar siempre, y aun dedicando horas y horas a esto pierden.

En el trading es más útil y rentable conocer solo una estrategia y entrenarla usando el control adecuado de las emociones:

- Aprender a controlar el miedo
- Aprender a evitar emociones negativas como la revancha
- Aprender a evitar la codicia
- Aprender a sentirse seguros pero usando precaución al operar sin miedo

Como hemos visto en los primeros capítulos de este libro debes pensar porque quieres hacer trading, debes encontrar tus propios fundamentos.

¿Solo quieres ganar dinero y hacerte rico?

¿Te gustan las apuestas?

¿Buscas simplemente una actividad de entrenamiento?

Si alguna de tus respuestas fue afirmativa te recomiendo que te dediques a los casinos antes que al Trading ya que en el Trading perderás absolutamente todo.

El principal problema de las personas que se inician y pierden en el mundo del Trading es que no tienen sus metas claras o sus metas son muy pobres y carentes de fundamentos como indican las preguntas de arriba.

Las personas con objetivos pobres plantean objetivos ambiciosos y tienen la ambición desmedida de alcanzarlos cuando lo importante en el mundo del Trading es el camino recorrido para llegar a un objetivo, tienen una visión muy errada y son los primeros que terminan perdiéndolo todo.

Hay que buscar lo que queremos en los lugares adecuados.

Te recomiendo que leas a fondo el *Capitulo 3: fundamentos del plan de Trading* que integra este libro. El Trading es un camino apasionante, un reto para uno mismo donde no hay límites para aprender.

Cuando se logra operar controlando las emociones y obteniendo rentabilidades es sumamente estimulante, pero siempre usando sangre

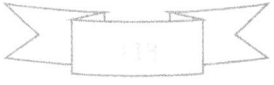

fría, estricta disciplina y calma, aceptando nuestros resultados propios: *"Al ganar y al perder".*

¿Cuáles deben ser nuestras metas de Trading?

Nuestra meta del trading debe ser aprender a operar lo mejor posible, usando el razonamiento en términos de probabilidades y jamás operar por emociones.

No importan los resultados de unas pocas operaciones si operamos con estricta disciplina y en términos de probabilidades ya que a largo plazo si operamos bien obtendremos excelentes resultados.

Es sumamente importante tener metas de Trading razonables y que sean cumplibles en el tiempo que nos planteamos.

Si tú tienes una estrategia y usándola una hora por día obtienes en promedio un +2% diario no sería razonable plantear una meta diaria del +10% diario.

"Las metas se deben ajustar a los resultados medios que obtenemos y al tiempo que usamos para alcanzarlas".

El trading no se trata simplemente de ganar dinero sino de operar lo mejor posible y en el largo plazo vendrá como resultado adicional el beneficio del dinero.

APRENDER A MANEJAR LA INCERTIDUMBRE

Socialmente tenemos la falsa idea de que muchas cosas de la vida nos brindan seguridad:

- Tener un empleo
- Tener obra social
- Tener una casa
- Tener gobernantes o políticos
- Tener instituciones
- Tener salud

Sin embargo de golpe viene una pandemia global y pone en jaque absolutamente todo lo que uno creía seguro.

Así como en la vida no tenemos la seguridad de lo que puede pasar en el Trading no tenemos la seguridad de cuáles serán los resultados de las próximas 5, 10, 20, 50 o 100 operaciones.

Lo que si tenemos la seguridad en el Trading es que podemos controlar exitosamente la incertidumbre:

- *Si nos preocupamos por operar cada vez mejor*
- *Si usamos una estrategia con esperanza matemática positiva teniendo como fundamento el operar en base a las probabilidades.*
- *Si usamos una excelente gestión monetaria en un gran universo de operaciones como ser 5.000 o 10.000 operaciones o mucho más.*
- *Si cumplimos con las premisas anteriores obtendremos a largo plazo beneficios económicos exponenciales.*

"Aprender a convivir con la incertidumbre nos da enormes oportunidades en el trading y en la vida"

¿Cómo relacionar el trading y la vida diaria sin perjudicar ninguna de ellas?

La forma adecuada de insertar el Trading en la vida diaria es sumarlo como una actividad adicional a tu profesión, dedicando un tiempo razonable a mejorar día a día tu trading, compatibilizándolo con tu vida personal sin excederse en los tiempos que dedicas a operar.

La idea es aprender a hacer trading en backtesting y luego en demo para en un futuro analizar la posibilidad de operar en real estableciendo metas razonables adicionales a tu profesión.

A medida que vayas logrando las metas de tu plan de trading tendrás la posibilidad de plantearte mayores objetivos realistas razonables en base a tus resultados reales.

CAPÍTULO 10:

PLAN DE RETIRO DE BENEFICIOS

Los retiros de beneficios obtenidos son una forma coherente de gestionar el riesgo ya que el capital de nuestra cuenta de trading está expuesto a un escenario de incertidumbre y existe la posibilidad de perderlo aunque tengamos un excelente plan de Trading.

Ganar en el Trading y no retirar los beneficios es una forma de descuidar el capital y no gestionar el riesgo, es como dejar el dinero apoyado en una mesa de picnic estando en una playa atestada de gente y con enormes ráfagas de viento, sin lugar a dudas en cualquier tipo de descuido ese mismo dinero pasara a manos de otras personas y ni siquiera nos habremos dado cuenta hasta perderlo.

Una forma de cuidar el capital de los riesgos inherentes a la incertidumbre del Trading es establecer un plan de retiros de beneficios a nuestras manos, ya que en el trading una ganancia se concreta cuando el dinero llega a nuestro poder.

Sin embargo para establecer un plan de retiro de beneficios efectivo y rentable hay que seguir ciertas reglas lógicas:

- El dinero que se utiliza en el Trading no debe ser un capital que necesitemos para vivir ya que está expuesto a un escenario de incertidumbre y jamás sabremos con certeza como nos irá en el próximo día, semana o mes de Trading.
- Los retiros de beneficios deben concretarse solo al llegar a nuestra meta pautada.
- Si pautamos una meta y esta no fue alcanzada entonces no retiraremos beneficios ya que esto llevaría al vaciamiento exponencial de la cuenta no pudiendo crecer a futuro.
- Una clave para retiros efectivos es no retirar todos los beneficios obtenidos en un periodo, sino retirar una parte

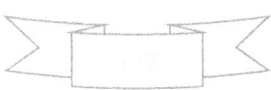

porcentual de los mismos y la otra parte destinarla a incrementar el capital de la cuenta para usar el interés compuesto a nuestro favor y hacer crecer la cuenta exponencialmente.

- Los retiros de beneficios deben pautarse por periodos de tiempo, metas porcentuales conseguidas y capital alcanzado ya que se debe tener muy presente que muchos retiros de poco capital pueden generar comisiones altas de nuestro bróker o entidad que utilicemos para el retiro representando un gasto que reduce notoriamente nuestras ganancias, por lo cual al seleccionar un bróker se deben analizar formas de depósito y retiros disponibles y si estas funcionan para nuestro país o no a fin de determinar si es nuestra mejor alternativa o no.
- Una vez retirado el dinero procurar la reinversión en alguna alternativa más conservadora que al menos permita proteger dicho capital de la inflación.

PLAN DE RETIRO DE BENEFICIOS

Si tú tienes una cuenta pequeña tienes el problema de que los retiros de beneficios pueden verse afectados por las altas comisiones que representa retirar un monto muy pequeño dependiente del modo de retiro.

No tiene ningún sentido hacer un retiro de $30 dólares y de ellos gastar $20 en los costos por transferencia bancaria o usar otra alternativa que implique un alto porcentaje del capital que retiramos.

Para cuentas pequeñas debemos ver la alternativa que nos permita retirar con la menor comisión posible y que esta no represente más del 10% del capital retirado, porque estaríamos asumiendo un riesgo de pérdidas por comisiones realmente excesivo.

A medida que nuestra cuenta de Trading crezca y los retiros sean por montos mayores las comisiones serán mucho menores y más convenientes para la rentabilidad de nuestro trading.

Existen bróker con alternativas de comisiones fijas para cada retiro que pueden no ser la mejor alternativa con retiros pequeños pero que mejoran sustancialmente al crecer los montos de retiros.

REGLAS DE PLAN DE RETIROS

- Establecer el capital inicial al iniciar el plan

- Establecer metas a partir de las cuales podríamos hacer retiros de beneficios.
- El monto a retirar no debe tener una comisión mayor al 10% sobre el capital que queremos retirar de la cuenta.
- Tener en cuenta y analizar en detalle a partir de que monto retiramos dinero ya que en muchos países el fondeo de una cuenta de Trading representa el doble del valor del Euro o el Dólar con respecto a la moneda local y los retiros representan el valor real de estas monedas, pudiendo perder una buena parte del capital al retirar montos pequeños.
- La menor opción de costos de retiros en cuentas pequeñas rondan los 5 o 6 dólares dependiendo el bróker por lo cual los retiros mínimos aconsejables deberían ser de 50 o 60 dólares, teniendo en cuenta que una parte de los beneficios debe usarse para incrementar el capital de la cuenta usando el interés compuesto.

CUADRO DE PLAN DE RETIROS DEL 80% DE BENEFICIOS

El capital inicial de este plan debe ser de $75 dólares como mínimo
La meta para realizar el primer retiro de beneficios es duplicar el capital de la cuenta (lograr un 100% de beneficios, unos $75), en este caso la meta para el primer retiro serían los $150 dólares.
Una vez que se llego a la meta del 100% de beneficios se calcula el 80% de los beneficios para retirar.   *En este caso los beneficios son $75 y el 80% serian 75 x 80 dividido 100 en este caso serían unos $ 60 dólares de retiro de beneficios*
El restante 20% de beneficios queda en la cuenta de trading por lo que el capital total son unos $150 - $60 de beneficios nos quedarían en la cuenta de trading unos $90 dólares para iniciar una nueva etapa.
Con el nuevo capital en cuenta se plantea el nuevo objetivo a lograr de +100% en este caso serían $90 dólares x 2 = $180 dólares para hacer el segundo retiro.
Logrando 12 retiros de dinero se consigue retirar $2374,78 dólares y dejar la cuenta de trading en 668,70 un incremento del +791%.   *Como vemos este plan permite retirar una buena cantidad e incrementando la cuenta exponencialmente usando solo $75 dólares de capital inicial.*

CUADRO DE PLAN DE RETIROS DEL 70% DE BENEFICIOS

El capital inicial de este plan debe ser de $86 dólares como mínimo
La meta para realizar el primer retiro de beneficios es duplicar el capital de la cuenta (lograr un 100% de beneficios, unos $86), en este caso la meta para el primer retiro serían los $172 dólares.
Una vez que se llego a la meta del 100% de beneficios se calcula el 70% de los beneficios para retirar.   *En este caso los beneficios son $86 y el 70% serian 86 x 70 dividido 100 en este caso serían unos $ 60 dólares de retiro de beneficios*
El restante 30% de beneficios queda en la cuenta de trading por lo que el capital total son unos $172 - $60 de beneficios nos quedaría en la cuenta de trading unos $112 dólares para iniciar una nueva etapa.
Con el nuevo capital en cuenta se plantea el nuevo objetivo a lograr de +100% en este caso serían $112 dólares x 2 = $224 dólares para hacer el segundo retiro.
Logrando 12 retiros de dinero se consigue retirar 4359,37dólares   *y dejar la cuenta de trading en $2003 un incremento del +2200%.*   *Como vemos este plan permite retirar al final el doble de dinero que el plan de 80% de retiro de beneficios e incrementando la cuenta exponencialmente tres veces más.*

CUADRO DE PLAN DE RETIROS DEL 60% DE BENEFICIOS

El capital inicial de este plan debe ser de $100 dólares como mínimo
La meta para realizar el primer retiro de beneficios es duplicar el capital de la cuenta (lograr un 100% de beneficios, unos $100) en este caso la meta para el primer retiro serían los $200 dólares.
Una vez que se llego a la meta del 100% de beneficios se calcula el 60% de los beneficios para retirar.   *En este caso los beneficios son $100 y el 60% serian 100 x 60 dividido 100 en este caso serían unos $ 60 dólares de retiro de beneficios*
El restante 40% de beneficios queda en la cuenta de trading por lo que el capital total son unos $200 - $60 de beneficios nos quedaría en la cuenta de trading unos $140 dólares para iniciar una nueva etapa.
Con el nuevo capital en cuenta se plantea el nuevo objetivo a lograr de +100% en este caso serían $140 dólares x 2 = $280 dólares para hacer el segundo retiro.
Logrando 12 retiros de dinero se consigue retirar 8353 dólares   *y dejar la cuenta de trading en $4049 un incremento del +8200%. Vemos que duplica el dinero retirado en el plan de retiros del 70% de beneficios e incrementa la cuenta porcentualmente casi cuatro veces más.*

CUADRO DE PLAN DE RETIROS DEL 50% DE BENEFICIOS

El capital inicial de este plan debe ser de $120 dólares como mínimo
La meta para realizar el primer retiro de beneficios es duplicar el capital de la cuenta (lograr un 100% de beneficios, unos $120) en este caso la meta serían los $240 dólares.
Una vez que se llego a la meta del 100% de beneficios se calcula el 50% de los beneficios para retirar.   *En este caso los beneficios son $120 y el 50% serian 120 x 50 dividido 100 en este caso serían unos $ 60 dólares de retiro de beneficios*
El restante 50% de beneficios queda en la cuenta de trading por lo que el capital total son unos $240 - $60 de beneficios nos quedaría en la cuenta de trading unos $180 dólares para iniciar una nueva etapa.
Con el nuevo capital en cuenta se plantea el nuevo objetivo a lograr de +100% en este caso serían $180 dólares x 2 = $360 dólares para hacer el segundo retiro.
Logrando 12 retiros de dinero se consigue retirar 16.049 dólares y dejar la cuenta de trading en $15.569 un incremento del +12874%. Vemos que a largo plazo el plan de retiros del 50% de beneficios es el que permite mayor incremento porcentual de la cuenta de trading y mayor cantidad de dinero retirado.

Seguramente te preguntarás:

¿QUE TAN DIFICIL ES DUPLICAR EL CAPITAL DE UNA CUENTA DE TRADING?

Eso depende de algunos puntos importantes a considerar:

- Primero que nada operar razonando en término de probabilidades y no por emociones, tener una estrategia de Trading con una esperanza matemática positiva.
- Operar con un plan de trading pautado por reglas y seguido con estricta disciplina procurando hacerlo lo mejor posible.

¿CUANTO SE PUEDE TARDAR EN DUPLICAR UNA CUENTA DE TRADING CON SEGURIDAD?

Eso depende exclusivamente de los siguientes puntos clave:

- Usar una excelente gestión monetaria y de riesgos

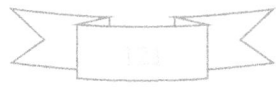

- Usar la ley de los grandes números en muchas operaciones con poco capital

Para calcular cuánto tiempo se puede tardar en duplicar la cuenta se deben tener en cuenta los siguientes datos:

- Resultado porcentual de nuestra estrategia en un gran universo de operaciones usando una excelente gestión monetaria (como mínimo 2000 operaciones).

Por ejemplo: Si usando nuestra estrategia en 2000 operaciones obtuvimos un 75% de beneficios podemos estimar el beneficio promedio por operación dividiendo 75% sobre 2000 operaciones lo que nos da un equivalente al 0.0375% de beneficio promedio por cada operación.

Para saber la cantidad necesaria de operaciones para alcanzar el 100% de beneficios debemos dividir 100 sobre 0.0375 lo que nos da un total de 2666 operaciones para alcanzar la meta planteada.

Si queremos calcular cuántos días tardamos en hacer 2666 operaciones y alcanzar el 100% de beneficios simplemente dividimos 2666 operaciones sobre la cantidad de operaciones que hacemos por día Por ejemplo 70 diarias. La cuenta seria 2666 / 70 = nos da un total de 38 días.

¿Cuántas inversiones conoces que den un 100% de beneficios en 38 días?

Un aspecto a tener en cuenta es que este cálculo de días se hace sobre números fijos sin hacer cálculos de interés compuesto ya que al ir creciendo nuestra cuenta el 1% por operación se va a incrementar en monto de dinero reduciendo sustancialmente la cantidad de operaciones y días necesarios para llegar a la meta que nos planteemos.

Si queremos calcular la meta diaria recomendada multiplicamos las 70 operaciones por el beneficio promedio por operación que era 0,0375.

La cuenta seria 70 x 0.0375 que nos da un 2.62%

¿Cuántas inversiones o negocios conoces que den 2.62% de beneficios diarios?

PUNTOS CLAVE:

- *Un detalle a tener en cuenta es que jamás sabremos el orden de los resultados por lo que puede darse que usando nuestra estrategia con esperanza matemática positiva y siguiendo el plan de Trading optimo con estricta disciplina y rigurosa gestión monetaria quizá algunos días no alcancemos esos 2.6% de beneficios, quizá terminemos en perdidas o en otras ocasiones ganando holgadamente mucho más que lo propuesto como meta.*
- *Del mismo modo nuestras metas mensuales algunas veces pueden tardar más que el tiempo que estimamos en días y otras veces muchísimo menos pero aquí lo importante es que a largo plazo nuestros resultados se ajustaran a los resultados reales que comprobamos correctamente en backtesting acerca de nuestra estrategia y nuestro plan de Trading*
- *El retiro de parte de los beneficios y uso del resto para incrementar nuestra cuenta usando el interés compuesto nos puede generar enormes incrementos porcentuales en nuestra cuenta como así también una suma importante de retiro de beneficios a nuestra cuenta asegurando ganancias iniciando con un pequeño monto. A medida que crece nuestra cuenta se reducen sustancialmente la cantidad de operaciones o de días necesarios para alcanzar nuestras metas propuestas.*
- *La ley de los grandes números es la gran clave para dar tiempo a que un plan y estrategia rentable funcionen y nos den ganancias exponenciales a largo plazo*

CAPÍTULO 11:

SEGUIMIENTO DEL PLAN

CON EL DIARIO DE TRADING

Dentro del Plan de Trading debemos dedicar una pequeña fracción del tiempo diario al registro de nuestras operaciones en un diario de Trading, ya sea en formato escrito o digital.

¿Cuánto tiempo por día debemos dedicar al registro de nuestras operaciones?

Un tiempo razonable para registrar nuestras operaciones en un diario de trading seria dedicar un minuto tras cada sesión de trading y un total de hasta 5 minutos diarios a fin de completar los resultados totales diarios.

Tener destinados tan solo cinco minutos al día nos permitirá tener muchísimos datos valiosos para tomar mejores decisiones en nuestro Trading, pero esto dependerá exclusivamente de la organización de nuestro diario de Trading.

El curso IQ trading tiene disponible en Amazon el Diario IQ Trading total en versión impresa en el que solo hay que completar los datos de nuestras operaciones y sesiones de trading diario, resultados diarios, mensuales y anuales tomando un poco tiempo al día.

¿Para qué sirve llevar un registro de nuestras operaciones en un diario de trading?

- *Permite registrar y evaluar si estamos cumpliendo o no con nuestro plan de trading*
- *Permite agendar todas nuestras operaciones y detectar en qué condiciones ganamos más y en qué condiciones ganamos menos*

- *Permite reconocer las causas de nuestras perdidas*
- *Permite tener la información necesaria para modificar algunos aspectos de nuestro plan de Trading si no obtenemos resultados consistentes*

¿Qué datos importantes debe tener un diario de trading, como registrarlos y como estos pueden servirnos?
El diario de trading debe tener las siguientes secciones con sus respectivos datos específicos:

- *Almanaque mensual día por día*
- *Sesiones de Trading día por día*
- *Resumen mensual día a día*
- *Resumen mensual*
- *Resumen anual*
- *Resultado anual*

ALMANAQUE MENSUAL DÍA POR DÍA

MARTES	MIERCOLES	JUEVES	VIERNES
FECHA: 7-7-20	FECHA: 8-7-20	FECHA: 9-7-20	FECHA:10-7-20
S 2	S 3	S 4 5	S 6 7 8
CI: 96 META: 101	CI: 101 META: 106	CI: 107.72 META: 113	CI: 116.59 META: 122.41
O 19 - 13 G E P	O 11 - 8 G E P	O 19 - 14 G E P	O 9 - 12 G E P
EF: 59% CIERRE: 101 RES: +6.6%	EF: 57% CIERRE:107.72 RES: +6.6%	EF: 60% CIERRE:116.59 RES: +8.2%	EF: 42% CIERRE:111.92 RES: -4.5%

FECHA / S: SESIÓN/ES DE TRADING DEL DÍA / CI: CAPITAL INICIAL / META: OBJETIVO DEL DIA /   O: TOTAL OPERACIONES/ G: OPERACIONES GANADAS/ E: OPERACIONES EMPATADAS/ P: OPERACIONES PERDIDAS / EF: EFECTIVIDAD PORCENTUAL / CIERRE DEL DÍA / RES: RESULTADO PORCENTUAL DEL DÍA

El almanaque mensual día por día es un cuadro con la totalidad de días del mes con los mismos datos que se ven arriba.

¿Cómo pueden servirnos los datos del almanaque mensual?
El almanaque mensual día por día nos permite identificar rápidamente cuales son los resultados día por día de nuestra estrategia y plan de Trading con una amplia variedad de datos importantes:

- *La fecha y cantidad de sesiones del día nos permite identificar si en el día de trading tenemos mejores o peores resultados operando en una, dos o tres sesiones de Trading.*
- *El capital inicial y la meta relacionada con las veces que llegamos a cumplirlas en nuestro trading diario son un claro indicador de que nuestra es razonable o no, este dato debe calcularse sobre un gran número de días de trading. Lo importante de este dato es que el promedio final de nuestros beneficios en los días de trading es igual la meta diaria que tenemos propuesta. Por ejemplo si nuestra meta diaria es obtener un +3% y el promedio diario de ganancias diarias en nuestro plan da 3% estamos ante una meta razonable, si por el contrario nuestro promedio diario de beneficios fueran 2% estamos ante metas excesivas y debemos recalcularlas.*
- *La cantidad de operaciones diarias y el promedio de operaciones ganadoras sobre perdedoras nos sirve para calcular en promedio cual sería la diferencia aceptable de operaciones ganadas sobre perdidas para dejar de operar hasta el próximo día. Por ejemplo si tenemos un promedio diario de 6 operaciones más ganadas sobre las que perdemos sería coherente establecer una meta o stop de ganancias cuando llegamos a 6 operaciones ganadas sobre las que perdemos (12 ganadas 6 perdidas = +6 operaciones ganadas). Una vez que llegamos a nuestro promedio de diferencia es mejor dejar de operar hasta el próximo día.*
- *Es importante ir controlando la efectividad de nuestra estrategia y que esta se acerque en promedio al menos al porcentaje de efectividad que tiene nuestra estrategia (comprobada en backtesting), si nuestra estrategia tiene una efectividad del 60% y tenemos los últimos 30 días una efectividad del 45% sin lugar a dudas debemos ver si estamos operando bien con nuestra estrategia o estamos fallando en algunos puntos.*
- *Los resultados promedio a mediano y largo plazo nos indican si nuestra estrategia está funcionando o no, si detectamos que no está funcionando unos días no debemos preocuparnos sino hacer el cálculo real de resultados a mediano plazo ya que es el que nos indicara realmente si está funcionando o no.*

SESIONES DE TRADING DÍA POR DÍA

MARTES 7 DE JULIO DE 2020						
SESIÓN N°	CAPITAL INICIAL	META	CIERRE	RES	HORA	PARES
2	96	101	101	+5.2%	9.53-10:29 AM	EUR-USD(D)
BEN	ESTRAT	TOTAL OP	GANADAS	EMPATADAS	PERDIDAS	EFECT
87%	+ - 1%	32	19	-	13	59%

Observaciones:
RES: RESULTADO PORCENTUAL / BEN: BENEFICIO DEL INSTRMENTO / ESTRAT: ESTRATEGIA / TOTAL OP: TOTAL DE OPERACIONES/EFECT: EFECTIVIDAD

Las sesiones de trading día por día nos brindan información detallada de nuestras sesiones de trading.

¿Cómo pueden servirnos los datos de las sesiones de Trading día por día?

Los datos de las sesiones de trading día por día nos brindan información relevante sobre lo que nos puede dar resultados positivos o negativos en nuestras sesiones de Trading:

- *El horario y nuestra efectividad en el trading nos puede indicar en qué hora del día nos conviene operar.*
- *El tipo de instrumento financiero y el horario nos puede indicar con cuales y en qué momentos tenemos mejores resultados.*
- *Los beneficios del instrumento financiero nos puede indicar con que porcentajes obtenemos mejores resultados.*
- *La estrategia utilizada relacionada con los horarios, activos, beneficios y resultados puede servir para ver qué estrategia es conveniente bajo determinadas circunstancias.*
- *La relación de todos los datos de la sesión nos puede servir para determinar horas que nos conviene operar, instrumentos a utilizar, con qué beneficios probables operar, que estrategia operativa y de gestión monetaria que nos conviene utilizar y cuantas operaciones son convenientes en cada sesión de Trading.*

RESUMEN MENSUAL DÍA POR DÍA

06-07-2020	07-07-2020	08-07-2020	09-07-2020	10-07-2020
CI:91	CI:96	CI: 101	CI:107.72	CI:116.59
CIERRE: 96.00	CIERRE: 101	CIERRE: 107.72	CIERRE: 116.59	CIERRE: 111.92
RES:+5.4%	RES: +5.2%	RES: +6.6%	RES: +8.2%	RES: -4.5%
G19 /P11	G19 /P13	G11 /P8	G19 /P14	G /P

FECHA/ CI: CAPITAL INICIAL DIARIO/ CIERRE: CAPITAL TOTAL AL
FINALIZAR EL DÍA/ RES: RESUTADO PORCENTUAL DEL DÍA / G: TOTAL DE
OPERACIONES GANADAS / P: TOTAL DE OPERACIONES PERDIDAS

El cuadro de resumen mensual día por día tiene todos los datos más importantes de resultados finales de cada día de trading.

¿Cómo puede servirnos el cuadro resumen día por día en nuestro plan de Trading?

El resumen día por día nos permite ver rápidamente en una sola foto o golpe de vista como está funcionando nuestro plan de trading y si es necesario hacer ajustes o no.

- *Es importante destacar que observar el resumen mensual nos puede servir siempre y cuando tengamos en cuenta la ley de los grandes números, si solo tenemos los datos de unas 200, 300 o 500 operaciones divididas en los días del mes no van a ajustarse a la realidad de nuestra estrategia. Un numero razonable de operaciones expresadas en nuestro resumen mensual deben ser como mínimo 2000 operaciones, cuanto más grande sea el número más se va a ajustar a la realidad de nuestro plan y estrategia de Trading.*
- *En un solo golpe de vista podemos visualizar si los resultados diarios de todo el mes en promedio se ajustan a nuestras metas diarias.*
- *También podemos observar en un solo golpe de vista que diferencia entre operaciones ganadoras y perdedoras tenemos diariamente.*
- *Si vemos que la efectividad promedio o la diferencia promedio entre operaciones y perdedoras en un número importante de operaciones no es la adecuada debemos dejar de operar en real y buscar una estrategia rentable en backtesting.*

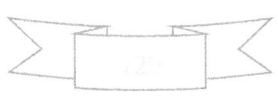

RESUMEN MENSUAL

CAPITAL INICIAL	CIERRE	RESULTADO	RETIRO MENSUAL	TOTAL OPER	OPER GAN	OPER PERD	EFECT MENSUAL
91 DÓLARES	135 DÓLARES	+48%	21 DÓLARES	1714	943	771	55.01%

El cuadro resumen mensual es un complemento del cuadro resumen mensual día por día que tiene en detalle la información de todo el mes.

¿Cómo puede ayudarnos en nuestro plan de trading el cuadro resumen mensual?

- *Permite verificar con solo cuatro datos la efectividad de nuestro plan de trading.*
- *El total de operaciones nos indica si se puede confiar en los datos que nos arroja ese mes acerca de nuestro plan de trading, si se registran al menos 2000 operaciones en el mes el dato se acercara bastante a los resultados reales de nuestra estrategia y plan de Trading.*
- *El resultado de cierre y resultado porcentual del mes combinado con un gran número de operaciones nos da el dato bastante fiable de la efectividad o no de nuestro plan de Trading.*
- *La efectividad de nuestra estrategia combinado con un total de muchas operaciones nos da la fiabilidad de la esperanza matemática positiva de nuestra estrategia*

RESUMEN ANUAL

MES	CAPITAL INICIAL	CIERRE	RES %	OPER GANADAS	OPER PERDIDAS
JULIO	91	135	+48%	943	771
AGOS	135	167	+23%	1020	860
SEP	167	198	+18%	972	828
OCT	198	256	+29%	1035	865
NOV	256	310	+21%	920	780
DIC	310	371	+19%	1080	920
ENERO	371	450	+21%	1001	849
FEB	450	559	+24%	912	768
MAR	559	540	-4%	1060	940
ABRIL	540	678	+25%	1032	868
MAYO	678	870	+28%	1040	870
JUNIO	870	1089	+25%	1000	840

MES EN CURSO / CAPITAL INICIAL AL COMIENZO DEL MES/ CIERRE DE CAPITAL AL TERMINAR EL MES/ RES: RESULTADO PORCENTUAL MENSUAL/ OPER GANADAS: TOTAL OPERACIONES GANADAS DEL MES/ OPER PERDIDAS: TOTAL OPERACIONES PERDIDAS DEL MES

El resumen anual tiene datos muy certeros de la efectividad de nuestro plan de Trading y si este es rentable o no.

RESULTADO ANUAL

PERIODO EN FECHAS	JULIO 2020 – JUNIO 2021
CAPITAL INICIAL	91
CAPITAL DE CIERRE	1089
RESULTADO PORCENTUAL	+1196%
TOTAL DE OPERACIONES	22.074
OPERACIONES GANADAS	12.015
OPERACIONES EMPATADAS	37
OPERACIONES PERDIDAS	10.059
EFECTIVIDAD PORCENTUAL	54.43%

El cuadro de resultado anual es un complemento del resumen anual con información detallada y total de nuestra estrategia y plan de trading.

¿Cómo puede servirnos el resumen anual y resultado anual en nuestro plan de trading?

- *Un cuadro resumen anual como el de arriba con los datos de 12 meses y más de 20.000 operaciones totales se ajusta* totalmente a los resultados reales de nuestra estrategia y plan de trading.

- Si operamos una estrategia y plan con los datos como los que tenemos arriba con estricta disciplina y gestión monetaria óptima la rentabilidad está garantizada y solo es cuestión de continuar con el mismo plan y por ahí solo identificar e ir mejorando aquellos aspectos que nos pueden llegar a generar perdidas.
- Para mejorar los aspectos en los que tenemos debilidades quizá debamos analizar las sesiones en las que tuvimos malos resultados, causas de nuestras pérdidas, errores operativos u observaciones a fin de plantear mejoras a nuestra estrategia y plan de Trading.
- Para esto es fundamental usar un diario de Trading

DSIFRUTA NUESTRO LANZAMIENTO EN AMAZON:

CAPÍTULO 12

PASO A PASO PARA ARMAR UN

PLAN DE TRADING

Este capítulo está destinado para ayudar a diseñar en forma práctica un plan de trading rentable en unos pocos y sencillos pasos.

Aquellos que adquieran la versión Kindle pueden copiar el modelo de abajo para diseñar su plan de trading mientras que los que obtengan la versión impresa pueden completarlo directamente en papel.

GUIA PASO A PASO PARA DISEÑAR TU PROPIO PLAN DE TRADING

PASO 1: Determina tus propios fundamentos del plan de trading basándote en el CAPÍTULO 3: FUNDAMENTOS DEL PLAN DE TRADING

PASO 2: Define tus propias metas razonables, stop de ganancias y stop de pérdidas basándote en el CAPÍTULO 4: METAS, STOP LOSS Y STOP WIN DEL PLAN DE TRADING

PASO 3: Establece que estrategias operativas vas a incluir en tu plan de Trading basándote en el ¡Error! No se encuentra el origen de la referencia.

PASO 4: Fija tus estrategias de gestión del capital en la sesión basándote en el CAPÍTULO 6: ESTRATEGIAS DE GESTIÓN DEL CAPITAL EN LA SESIÓN

PASO 5: Estipula tus reglas de sesión y del plan de trading usando como referencia el CAPÍTULO 7: REGLAS DE LA SESIÓN Y PLAN DE TRADING

PASO 6: Determina tu plan de gestión monetaria y riesgos usando como referencia el CAPÍTULO 8: GESTIÓN MONETARIA Y DE RIESGOS DEL PLAN

PASO 7: Define tu plan de gestión psicológica y control de las emociones basándote en el CAPÍTULO 9: GESTIÓN PSICOLÓGICA DEL PLAN

PASO 8: Establece tu plan de retiro de beneficios guiándote con el CAPÍTULO 10: PLAN DE RETIRO DE BENEFICIOS

PASO 9: Estipula como vas a llevar un registro de tus operaciones y plan guiándote con el CAPÍTULO 11: SEGUIMIENTO DEL PLAN CON EL DIARIO DE TRADING

PASO 10: Completa todos los datos de tu plan en formato escrito, utiliza el modelo de abajo como referencia.

MODELO PARA DISEÑAR PLAN DE TRADING

FUNDAMENTOS DEL PLAN DE TRADING
<ul><li></li><li></li><li></li><li></li><li></li><li></li><li></li><li></li></ul>
METAS DIARIAS:
STOP LOSS DIARIO:
STOP WIN DIARIO:
METAS SEMANALES:
STOP LOSS SEMANAL:
STOP WIN SEMANAL:
METAS MENSUALES:
STOP LOSS MENSUAL:
STOP WIN MENSUAL:
METAS ANUALES
<ul><li>**META 1:**</li><li>**META 2:**</li><li>**META 3:**</li><li>**META 4:**</li></ul>
ESTRATEGIAS OPERATIVAS
<ul><li>**ESTRATEGIA 1:**</li><li>**ESTRATEGIA 2:**</li><li>**ESTRATEGIA 3:**</li><li>**ESTRATEGIA 4:**</li></ul>

ESTRATEGIAS DE GESTIÓN DEL CAPITAL EN LA SESIÓN

- **ESTRATEGIA 1:**

- **ESTRATEGIA 2:**

- **ESTRATEGIA 3:**

- **ESTRATEGIA 4:**

- **ESTRATEGIA 5:**

- **ESTRATEGIA 6:**

- **ESTRATEGIA 7:**

- **ESTRATEGIA 8:**

- **ESTRATEGIA 9:**

- **ESTRATEGIA 10:**

REGLAS DE LA SESIÓN DE TRADING

- **REGLA 1:**

- **REGLA 2:**

- **REGLA 3:**

- **REGLA 4:**

- **REGLA 5:**

- **REGLA 6:**

- **REGLA 7:**

- **REGLA8:**

REGLAS DEL PLAN DE TRADING

- **REGLA 1:**

- **REGLA 2:**

- **REGLA 3:**

- **REGLA 4:**

- **REGLA 5:**

- **REGLA 6:**

- **REGLA 7:**

- **REGLA 8:**

PLAN DE GESTIÓN MONETARIA

PLAN DE GESTIÓN DE RIESGOS

PLAN DE GESTIÓN PSICOLOGICA

PLAN DE RETIRO DE BENEFICIOS

DIARIO DE TRADING

En este módulo tienes una guía completa de tablas calculadas para seleccionar tu plan de trading a medida:

- Guía completa de fundamentos
- Cuadros de metas diarias, semanales, mensuales y anuales
- Cuadros de Stop de pérdidas diarias, semanales y mensuales
- Cuadros de stop de ganancias diarias, semanales y mensuales
- Cuadro para verificar la esperanza matemática de las estrategias de Trading
- Cuadro de estrategias de gestión de capital en la sesión de Trading con posiciones calculadas
- Cuadro de reglas de sesión y plan de Trading
- Cuadro de gestión monetaria y riesgos con posiciones calculadas
- Cuadro de gestión psicológica y control de las emociones
- Cuadro de retiro de beneficios calculado
- Cuadro de registro del plan de Trading
- Cuadro de diseño paso a paso del plan de trading

CURSO IQ TRADING
MÓDULO 1

¿CÓMO GANAR EN EL TRADING DE OPCIONES BINARIAS?

GUÍA DEFINITIVA PARA SER RENTABLE ANTES DE COMENZAR A OPERAR EN REAL

IGOR QUZ
EDICIONES IAD

CURSO IQ TRADING
MÓDULO 3
OPCIONES BINARIAS MAESTRAS

DESCUBRE LAS 18 ESTRATEGIAS
PROBABILISTICAS PARA
TRIUNFAR EN EL TRADING

Optimiza tus inversiones y multiplica tus beneficios:

estrategias comprobadas que transformarán tu éxito

en opciones binarias

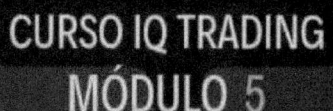

CURSO IQ TRADING
MÓDULO 5

¿CÓMO USAR LA ESTADÍSTICA PARA LOGRAR UN TRADING RENTABLE?

TESTEOS Y TABLAS ESTADÍSTICAS PARA GANAR CON TU PLAN DE TRADING PENSANDO EN TERMINO DE PROBABILIDADES

IGOR QUZ
Ediciones IQ

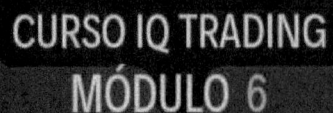

CURSO IQ TRADING
MÓDULO 6

DIARIO IQ TRADING TOTAL

REGISTRA, MEJORA, GANA MÁS Y ALCANZA LA RENTABILIDAD CON TU PROPIO DIARIO DE TRADING

IGOR QUZ

Saludos y te deseo un excelente trading
Hasta el próximo lanzamiento editorial

Igor Quz

edicionesiq@gmail.com

www.ingramcontent.com/pod-product-compliance
Lightning Source LLC
Chambersburg PA
CBHW070347220526

45467CB00001B/278